大夏书系·西方教育前沿

差异化教学探究：
文学、数学和科学

莱斯莉·劳德 等 著

刘颂 译

Differentiated Instruction in Literacy, Math, and Science

上海著名商标
华东师范大学出版社
ECNUP
全国百佳图书出版单位

目　录

第一编　阅读与写作

第一章　阅读差异教学模式与策略（卡罗林·查普曼，丽塔·金）…… 3

　　本章从阅读理解的各个子领域入手，介绍了教师如何示范由易到难的阅读策略直至学生完全掌握，以此提高学生的阅读理解能力。作者强调教师要给予学生多样化选择以丰富学生的阅读经验。

第二章　促进学生进步的学习责任逐步转移模式（路易斯·A·蓝宁）
…………………………………………………………………… 27

　　在差异教学的课堂中，教师因经常要与学生小组互动，不能在所有时间直接指导全班学生，所以学生必须学会自我监控学习。本章推荐教师采用逐步放权模式，使学生承担更多的学习自主责任，成为更加自我导向、自我驱动的阅读者。

第三章　分层写作教学（希拉·奥尔伯-摩根）…………………… 35

　　本章遵循建构主义教学理论的精髓，即赋予学生更多的学习自主权利，介绍了最有效的基于研究的写作教学方法，并采用实例阐述了简化该模式的方法，以及其他写作干预方法。

第二编　数　学

第三编　科　学

译者序

十年前我因偶然机会翻译了汤姆林森的《多元能力课堂中的差异教学》一书，在翻译过程中屡屡感叹于该教学模式在班级授课制与个别化教育中的协调与平衡。十年后又因机缘巧合，《差异化教学探究：文学、数学和科学》英文版转至我的手中，匆匆翻阅过后，立即答复出版社愿意承担翻译工作。承诺翻译该书，一方面是满足自己的好奇心与探究欲望，相隔十年，差异教学又有了哪些变化与进展；另一方面，书中频繁出现了"循证研究""干预—反应模式"等国内似乎只在特殊教育领域才谈及的概念与术语，专业的敏感性使我对该书又增加了几许期盼。

如果说汤姆林森在十多年前夯实了差异教学的理论根基，那么本书作者们进一步从研究与实践两个层面进行了系统且深入的探讨、构建与反思。其一，结合当前脑科学、认知心理学、教育心理学等学科领域的研究进展，充分阐述了差异教学的重要性与必要性。其二，对历年来的教育实验研究采取元分析等方法，深入剖析与揭示了具有实际教学成效的教学方法与教学策略。其三，将上述循证研究的结果反哺运用至教学实践，倡导循证教学实践，强调教育实践要基于当前的最佳研究证据，增进教育实践与教育研究的整合，使教师的教育决策融合自身的专业智慧与可借鉴的研究证据，从而提高决策的科学性与适宜性。其四，差异教学与课程领域有了进一步深层次的融合，如在阅读、写作领域的文学差异教学，数学的程序性知识、概念性知识与策略性知识，科学探究的步骤与模式等如何有效结合差异教学，有助于提高教师的学科教学水平与切实提高教学质量。其五，特殊教育与普通教育的融合。特殊儿童成为普通班级的有机成员，普通教师的教学要面对班级所有成员；对于出现学习困难的学生，学校通过干预—反应模式，提供以预防为主、层级分明的系统化补救教学，开展循证干预，监控与检验干预的实效，并以此作为后续干预决策的依据，及时为学生提供适宜的教学干预，尽可能减少因等待正式特殊教育鉴定或者不符合特殊儿童鉴定标准而带来的教育干预延迟的问题。自此，特殊教育并不是普通教师置之于普通班级之外的教育事务，而是渗透在普通教育过程中、普通教师与特教教师共同协作的教育事务。

　　本人在翻译此书中受益良多，同时也深恐该译著的珠玑受限于本人的翻译水平以及本人对美国教育现状的了解程度。诚然文化各异、文字系统迥然，但我相信我们都怀抱爱护学生、追求专业成长的拳拳之心，因此我深信我们定能从该译著中寻找相似的议题，由此探求我们自己的解答。

刘　颂

2014 年 5 月

前　言

在人类教育的长河中，不同年龄的孩子曾在单间教室的学校里就读学习，教师所用的教学方法必须适合学生年龄参差不齐的局面。差异教学就是当时学校的做法（Tomlinson，1999），学生使用不同的教材，并且在学习中常常互相辅导。随着学校的发展，学生便只和同龄儿童一起学习，即出现班级授课的教学模式。遗憾的是，伴随这种教学模式，学生遭遇了无聊、挫折等问题。研究已证实，教学水平的适宜性与教学方法的多样化方能保证学生的学习成效（Huebner，2010）。

教学必须进行差异化处理以促进学生参与学习，进而尽最大可能提高学习成效。幸运的是，人类从单间教室的学校开始，已经走过了一段漫长的教育路程。尽管这种模式以差异化处理作为教学的前提，但是本书不是倡导我们重新回到单间教室的教学模式，而是通过丰富的教学实例与教学建议，详细介绍了近年来语文、数学、科学课程中有效的差异教学实践。

本书所涉及的文学、数学与科学三个领域均渗透了三个主题。第一，课程内容的差异化处理。作者建议教师通过提供不同的材料、多样的选择与精心举例来进行课程内容的差异化处理，从而形成对差异教学的基本理解。第二，教学方法的差异化。作者深入描述了基于研究的教学实践，如课程压缩、支架式教学模式，以此展示如何采用多样化的方法来教授相同的教学内容。本书的作者特意避开了教师主导的教学活动，转而通过大量的实例描述如何通过系统方法来激发学生的自主学习。第三，学习进度的差异化。本书作者认为：学生存在知识与能力基础的差异，因而需要不同的教学水平，并且借助大量、多样化的学习经验与方法可以达到最佳学习效果；学生的学习进度快慢不一，因而教学应该适应学生的学习速度差异。

在第一编，作者介绍了差异化阅读教学的完整过程。在第一章，查普曼（Carolyn Chapman）和金（Rita King）从阅读理解的各个子领域入手，强调教师应给予多样化选择以丰富学生的阅读经验。他们介绍了教师如何示范由易到难的阅读策略直至学生完全掌握，以此提高刚开始阅读的学生的阅读理解能力。他们也介绍了独立方案与扩展等高级方法，以及为中等阅读水平学生准备的阅读教学方法。

第二章的作者蓝宁（Lois A. Lanning），采取了更激进的差异教学改革，即教师如何应用逐步放权模式（guided release of responsibility model），让学生承担更多的阅读责任，促进学生成为更加自我导向、自我驱动的阅读者。在差异教学的课堂中，教师因经常要与学生小组互动，不能在所有时间直接指导全班学生，所以学生必须学会自我监控学习。使学生承担更多的学习自主责任，这是一项颇有难度的挑战，但是在蓝宁的引领下，相信你会更容易实现这个教学目标。

第三章为奥尔伯 - 摩根（Sheila Alber-Morgan）撰写的写作教学内容。摩根继续遵循了建构主义教学理论的精髓，即赋予学生更多的学习自主权利，因此她介绍了最有效的基于研究的写作教学方法，包括自我监控的策略发展模式。摩根首先引用大样本研究证实了该策略发展模式的有效性，然后用实例阐述了简化该模式的方法，以便熟悉与不熟悉该模式的读者均能理解与掌握。她还在回顾大量已有研究的基础上条理清晰地介绍了其他写作干预方法。

第二编为数学差异教学。本德（William N. Bender）在第四章提醒我们，在传统的数学课堂上，所有学生做同样的作业，全班接受同样的教学方法，而数学差异教学课堂内的景象则完全不同。本德提出了基于人类学习的最新大脑研究成果的数学教学模式，在该模式中，对于每个新的学习任务，教师需要先收集学生数学思维水平的信息，然后以此为依据提供差异化的数学问题让学生解决。本德也提供了便捷的数学差异教学模式，描绘了教师们忙碌的真实生活。

劳德（Leslie Laud）在第五章介绍了如何针对数学学习困难学生以及需要

额外挑战的数学绩优生进行差异教学调试以适应学生的需要。对于第四章所论及的非正式前测，劳德认为对于个别需求更大的学生，教师应安排更为正式的测试，这样有助于发现学生的特点，据此向他们提供适宜的帮助与支持。第五章针对学生可能容易遭遇困难的三个数学领域——基本数学事实、概念理解、程序知识，提供了经细致调整的测试与基于研究的策略。每个数学领域，均提供了实例、活动、教师手册，供教师参考以加强学生的理解。第六章详细介绍了面向数学高成就学生的各种教学策略，其中不少策略与第一编所涉及的语言教学策略相似。劳德阐述了在数学课程中如何运用这些策略，同时也提出了数学差异教学面临的独特议题。

里克米尼（Paul J. Riccomini）和威策尔（Bradley S. Witzel）在第七章详细介绍了如何在干预—反应模式下进行数学差异教学。干预—反应模式在数学课程中的应用是一项综合性的教育实践，两位作者论述了相关的研究基础，同时提出了教师心目中最紧迫与最共通的问题。作者还提供了大量的有坚实研究支持的、具有可行性的建议与资源，以便教师进行数学分层教学。

第三编为科学课程的差异教学。第八章作者卢埃林（Douglas Llewellyn）深入剖析了科学差异教学的模型，第九章作者格雷戈里（Gayle H. Gregory ）与哈默曼（Elizabeth Hammerman）鸟瞰式分析了科学课程差异教学的方方面面。卢埃林详细分析了"动能"主题的差异教学课堂实例，介绍了该课堂教学所反映的科学课程标准与前测，展示了科学课堂差异教学的不同方法，即课堂教学可由同一主题下的不同教学活动组成。格雷戈里与哈默曼全面阐述了科学课程差异教学的多种方法以及相关的心理认知能力。两位作者回顾的众多方法，以及卢埃林所提及的科学差异探究模型，均为教师开展差异化科学教学提供了丰富的借鉴与参考。

当教师在单间教室内开展差异教学以满足混龄班级的学生需要时，他们采用的一些教学方法与策略确实被当今研究证实了其有效性，如提供多水平的材料、跨年级同伴辅导（cross-age tutoring）。但是，对于当今研究所证实的高层次差异教学模式，如课程压缩、系统建构学生自我导向的学习模式等，他们根本无法得知与运用。单间教室的教师通常开展独立工作，他们很难像当今的教师一样，可以便捷获取到本书所提及的创造性建议与教学模式。因此，我们应该庆幸生活在信息化时代，教师更容易尝试与实现本书中提及的种种有效教学实践。

绪 论

莱斯莉·劳德

　　本书是对文学、数学、科学领域差异教学的梳理与总结，每章均精选自当今差异教学领域最具影响力的八部书籍。下面将简介每章的主要内容。

第一编　阅读与写作

第一章　阅读差异教学模式与策略（卡罗林·查普曼，丽塔·金）

　　"我现在收集了测试数据，我该如何用它来开展阅读差异教学？"对此查普曼和金提供了多种回答，如课程压缩、阅读方案、指导性阅读、大声朗读、广播站、问题解决式任务、骰子、分享阅读等多种教学策略。他们还提供了丰富的实例和范例，供工作繁忙的教师参考与借鉴。

　　查普曼和金推荐了操作性较强的差异教学策略，使教学活动经过调整更适合特定的教学水平。他们提供了让学生学习过程多样化的方法，例如，他们不仅推荐了适宜学生独立进行且富有创意的选择，如制作书籍，还推荐了明确教学的方法，如直接示范阅读理解的推理过程。这些多样化的活动培养了学生的多种能力，因而更有可能满足不同学习风格学生的需求。本章提供了非常丰富的建议，可帮助教师运用学生的测试数据与教师自身的判断来决定哪种策略最适宜本班的学生，从而帮助教师富有创意、多样化地开展差异教学。

第二章　促进学生进步的学习责任逐步转移模式（路易斯·A·蓝宁）

　　教师既可以对教学内容进行差异化处理，也可以对教学策略进行差异化处理。蓝宁详细阐述了如何在阅读理解课程中实施如上两种差异化的处理方法。她关注如何运用促进学生自主性发展的逐步放权教学模式来开展差异化教学，以此培养学生的阅读理解能力。

　　尝试或经历过差异教学的老师可能非常认同蓝宁提出的两难问题。例如，教师经常问："我怎样逐步撤离学生阅读理解所需的脚手架（或支持）？"尽管当前有多种可供选择的策略，蓝宁仍强烈推荐以下四种最有效的策略：（1）概括大意；（2）建立有意义的联系；（3）自我调控；（4）推断。

　　第二章推进了我们对差异教学的深入理解，即差异教学不仅指如何教授阅读策略，而且也包含如何帮助学生独立运用阅读策略。蓝宁翔实、清晰、全面地介绍了教师应该采取哪些步骤以提供个别化的教学支持，同时介绍了促使学生迁移运用策略的方法。最后，她指出了教师经常遇到的挑战，包括如何推进学生迁移阅读策略、如何适应学生不同的策略迁移速度。

第三章　分层写作教学（希拉·奥尔伯-摩根）

　　教师怎样提高全体学生的写作流畅性，如何针对有写作困扰的学生开展教学？差异化写作教学提供了解决问题的关键。摩根在第三章描述了基于实践的有效写作差异教学策略。她回顾了当前的写作课程所包含的五大领域——书写、键盘输入、拼写、写作过程的运用、科技使用，阐述了上述每个领域的课堂差异教学，即一级教学，然后阐述了如何针对需要二级、三级支持的学生开展差异教学。

　　摩根推荐的所有策略都具有坚实的研究基础，即被研究证实了其有效性，但是摩根工作的独特之处在于她用通俗易懂的词汇精心解释每个策略的实施步骤，从而将这些研究付诸于教学实践。摩根详细介绍了自我调控策略发展的6阶段模型（SRSD），并且提供了数十种简化该模式进行差异化教学的方法。此外，本章也提供了差异化写作教学的丰富资源，其中运用技术开展差异写作教学的资源尤为丰富。

　　摩根在本章提供了大量详细的建议，还列出了不同写作领域的学生能力标准，例如，学生握笔的方式、学生书写字母时自我指导的精确语言、写作时每分钟应书写的字母数量。这些标准可帮助教师精确监控教学以及开展差异教学。

第二编　数　学

第四章　数学差异教学与干预—反应模式（威廉·N·本德）

本德写道："差异教学象征着数学教学方式的重大、急剧的变革。"他在第四章比较了传统的班级授课模式与基于教学调整以适应不同学生需要的教学模式。他提出"猜测、评估、拽出"的差异化数学教学核心模式，该模式提供了清晰、可行的框架，教师可以在此基础上构建与调整差异教学的方法。

本德承认差异教学会给教师带来诸多挑战。本德经常听到教师谈及对差异化教学的种种担忧，比如教师往往认为差异化教学就意味着可能要同时教三种不同的课，因此感到难以承担如此大的工作负荷。本德认为要改变这种担忧，教师应该持有两种观点或心态，即"从教师能胜任的地方起步"以及"不必同时做所有的事情"。他分享了通用的教学建议与策略，如尽早且经常将班级分组、设计多种活动，这两者都是差异教学的基础，可以帮助教师从班级授课模式转向差异教学模式。通过书中的建议与实例，本德展示了教师怎样从关注学生的同质性转向关注与运用学生的异质性，以及如何把这种对异质性的关注作为课程设计与实施的推动力。

本德提出了简要、完整的五步法来开展干预—反应模式，该五步法是差异教学的常用方法。本德运用案例详细介绍了每个步骤的实施。本德在步骤分明的课程设计与课堂实例的基础上介绍差异教学，有助于消除数学教师在尝试差异教学时产生的种种顾虑，并且为其教育实践提供了切实可行的参考与建议。

第五章　支持数学低成就学生（莱斯莉·劳德）

作者在第五章开篇就提醒读者：每个儿童都是一个谜，等待教师揭开谜底。

他采用这种比喻强调有必要在单元教学之前开展前测。因为学生尽管在数学某个领域遭遇学习困难，但是他们有可能在其他方面意外地展现出令人惊讶与赞叹之处；同时教师可借助前测考查学生是否对概念存在错误理解，当教师将学生前测、后测成绩进行比较对照时，可以发现学生是否取得了显著进步。

当学生出现数学学习困难时，教师可找出造成学生学习困难的内在、基本的认知特点，如工作记忆、计算事实提取、视觉加工等方面的缺陷，以此为基础开展差异教学，然后，教师评估上述基本认知缺陷如何影响了学生在代数、几何等独立单元的学习。因此，教师必须完成双重任务：其一，提高学生的基本认知能力；其二，分析学习每个数学单元预先应具备的数学技能。

教师针对数学学习困难学生开展差异教学，以期帮助他们与中等或高成就的学生在同一时间熟练掌握所学内容，这在现实生活中可能难以实现，因为数学困难学生不仅需要更多的学习时间，而且需要接受循证（research-validated）的教学辅导。本章示范了如何采用基于循证的方法与特定的步骤、活动来开展差异教学，以发展学生的基本能力、概念理解与程序性技能。本章全篇都渗透了时间管理的策略，这是学习困难学生需要尽可能有效运用的宝贵资源。本章列举了多种作业单，提出了多种教学建议，以加深学生的理解，同时帮助学生有效补偿导致其学习困难的基本认知环节。

第六章　挑战数学高成就学生（莱斯莉·劳德）

为数学高成就学生设计差异教学，这是充满多种可能性与富有意义的教学任务。本章介绍了免除学生常规任务、培养高级思维能力这两个基本方法的相关研究背景。劳德详细阐述了当学生快速掌握课程基本任务时教师如何建构免除任务的策略与模型。

第六章回顾了数学高成就学生的思维优势以及他们与普通学生在信息加工方面的本质差异。教师可以参考上述研究框架来确定高成就学生的一般认知特点，在此基础上调整教学以提供更具挑战性的任务，扩展学生的学习。教师可以运用本章提供的模式来评估与调整针对数学高成就学生的课程。

第七章　数学干预综述（保罗·里克米尼，布拉德利·S·威策尔）

阅读领域广泛运用的干预—反应模式，提高了许多阅读低成就学生的阅读能力。鉴于该模式在阅读领域的成功，教育者尝试将该模式运用于数学领域，但是课程领域的差异增加了迁移运用的难度与复杂程度。里克米尼和威策尔指出了数学与阅读领域可能存在的差异，进而全面回顾了在干预—反应模式之下的数学差异教学。两位作者具有实践者与研究者的双重背景，他们在该领域开展了多项具有现实迫切性的实证研究，因此他们能够呈现最新的相关研究，并且明确指出这些研究对教学指导的启示与意义。

作者在第七章描述了基于实证的教学方法与课程设计方法，由此开展分层教学，以适应学生的多元需求。他们提出并回答了数学教师最想问的几个主要问题：谁需要干预？干预的内容是什么？谁实施干预？干预多久？里克米尼和威策尔详细回答了上述问题，既关注有效的班级教学策略，同时也关注目的性更强、分层干预的差异化支持策略，采用实例详细描述了特定课程的组织方法，提供了数学干预方案的资源清单，这些为教师在干预—反应模式下开展差异教学提供了结构化的起点。

第三编　科　学

第八章　差异化的科学探究（道格拉斯·卢埃林）

卢埃林带领读者进入了动能的科学课堂现场，深入描述了差异化的科学探究模型。他列举了该课堂教学的课程标准与教学目标，建议课堂教学首先从前测开始以了解学生有关动能的已有概念，解释教师应如何快速分析这些前测信息以及如何将之服务于后续的教学决策。卢埃林介绍了该课堂教学中设置的学习站，每个学习站的设计初衷在于从不同角度理解动能以及帮助学生在学习站活动结束后掌握核心知识与能力。

卢埃林的教学模式可以被复制模仿，运用于大部分的科学课程。在该模式中，学生具有安全感（他们自主选择学习站类型），可以迎接挑战（每个学习站均提供学习支持与拓展），积极构建意义，上述要素组成了有效差异教学。该课堂实例突出了教师进行课程设计的两个必要成分：其一，深入掌握课程内容；其二，精通差异教学方法。两者结合最有可能促进学生掌握所学课程内容。卢埃林提出了理想的科学教学蓝图，但是他也承认这种理想并不总能付诸现实，因此他淡化了某些理想色彩，提出了更具现实可行性的教育选择与做法，这样教师可根据现有资源、自身对差异教学的掌握程度，将这些教育选择与做法运用于科学差异化探究的实践教学工作。

第九章　提高学生学业成就的方法与有效实践

（盖尔·H·格雷戈里，伊丽莎白·哈默曼）

科学学习需要运用与发展学生多方面的能力，例如逻辑思维、综合分析新知识或者数据信息、熟记定义、运用指导性的探究过程去证实或证伪自己的假设。第九章的作者格雷戈里与哈默曼全面回顾了多个科学教学领域。他们将这些科学教学领域与最新的有效教学实践与脑科学研究紧密相连，但是他们并没有在此裹步不前，而是进一步提供了详细的实例来说明这些教学实践如何运用于科学教学课堂，教师如何通过课程压缩等策略调整教学以适应优进生的学习需要。文中也针对科学学习困难的学生，提出了如何调整任务以提供差异化的支持与帮助。

格雷戈里与哈默曼在本章竭力涵盖科学教学的众多基础议题，包括从适用于不同科学课程领域的多种教学方法，到支持最佳科学教学实践的具有说服力的最新研究。本章的众多实例展示了有些学生所需要的辅助支持，另一些学生所需要的拓展与丰富的课程，这样才能促使每个学生不断获得成功的学习体验。

第一编
阅读与写作

READING
AND
WRITING

第一章
阅读差异教学模式与策略 ①　　卡罗林·查普曼，丽塔·金

> 本章所探讨的差异模式为阅读教学设计的框架，每个模式可以直接运用于阅读教学课堂。教师可以根据自身的教学经验调整本书提及的建议与指导原则，从而选择最适合本班学生需要的阅读模式，提高学生的阅读能力。

一、作业调整的模式

作业调整的模式适宜于学生学习水平多元化的班级教学设计，如主题、课程标准、能力、目标或关键问题。首先需要确定待教的课程标准、能力或概念，然后采用适宜的前测，以此发现学生与新学习任务相关的背景知识和经验。通过分析前测数据，我们一般能区分出课堂中的三个截然不同的群体：

- 小组 1：具备适宜的背景知识，已具备学习年级课程标准的能力。
- 小组 2：缺乏适宜的背景知识或经验。该组学生存在学习差距，致使其不能完全理解与掌握学习课程标准，教师需要设计教学以干预和补救其学习差距。诚然，教师并不能弥补学生全部的学习缺陷，因此应根据课

---

① 选自卡罗林·查普曼，丽塔·金著：*Differentiated Instructional Strategies for Reading in the Content Areas*，2E，科文社社。另外，由于本书各章是原文照录各位作者专著的内容，行文中若有"本书""本章""前面各章"或"下章提示"等字眼均指原专著及其章节，而不是指本书的章节编排，特此说明。——译者注

程学习需要来选择最重要的能力作为干预内容。在查普曼和金的《差异教学管理》（2008）一书中，这个过程被称为课程倒溯（rewinding）。

◉ **小组 3**：具备适宜的背景知识且已经掌握学习课程标准。该组学生需要可丰富、激励和推进其学习的作业。

当教师清楚学生在某个主题的背景信息时，应设计适宜的教学活动，以促进所有学生的学习进步。

在作业调整的模式（见表 1.1）中，学生均从现有知识技能起步，然后学习尚未掌握的知识技能。教师分析学生的需求，然后为单个学生或小组进行策略性教学设计。教师设计适宜的教学活动与任务，以促进每个学生的阅读进步。

表 1.1　作业调整模式		
标准：_____		
前测工具：_____		
C		我怎样教每个组？
B	哪项能力是每个组下一步需要	学习的？
A	关于该主题每个组已经掌握了	哪些内容？
高掌握水平	接近掌握水平	起步水平

表 1.2 是针对多元准备水平学生的研究作业调整模式。

表 1.2　研究作业的调整模式		
拥有资源并有效使用。清晰界定和阐述主题。独立且富有成效地工作。工作展现创造性。运用准确的信息。	拥有两个或更多资源来确定信息。持续完成主题。较少需要协助。具有一定的目标意识。思维具有一定的组织性。	拥有一个指定主题的资源。需要持续的协助。缺少目标意识。缺少组织思维的能力。
高掌握水平	接近掌握水平	起步水平

二、课程压缩的模式

为了适应高成就学生在特定主题的学习需要，伦朱利博士设计了课程压缩模式（Renzulli，Leppien，Hayes，2000；Tomlinson，2001）。

阅读者学习与探究世界的方式好比研究者与探险者处理信息的方式。如果学生是某个主题的专家或者已经掌握了标准或技能，他们需要特别的方案以增长其知识。教师应该为这些学生免除原有的符合年级水平的任务，代之以更符合其能力的替代任务。例如：

- 学生完成有挑战性的作业。
- 已经掌握词汇的学生接受更具难度的任务以扩展其词汇量。
- 具有更高阅读水平的学生去其他年级的教室接受阅读教育。阅读教师只负责本年级的教学。

三、学习中心与学习站的模式

在课堂设置学习中心、站、实验室、合作小组与个别化的教学。安排特定的学习站活动时间，保证学生有机会前往参与。学生在学习站开展独立或小组工作，以有意义的方式体验课程内容，并且自主负责学习。

学习站、中心或学习区的实例

学习站好比工厂的流水生产线，学生可以前往任意一个学习站参与学习。教师可按照难易程度将学习站的活动进行分层。教师根据学生的前测成绩确认每个学生的个体需要，进而分配学生去往指定的学习区域。

学习站亦可设计成学生自行选择的方式，即他们自己选择工作的区域，这赋予了学生学习的自主权。

以下是所有课程均可适用的学习中心或学习区。

书籍制作站	教具操作	资源图书馆	中心公告板
问题解决式谜题	技能中心	电脑游戏	阅读角
教具筐	文件夹游戏（folder games）	阅读回应中心	词汇站

四、基于项目的模式

基于项目的学习侧重对单元的深入研究。每个学生被分配了相同的作业、指导手册、评价标准和日程表，但是主题和成果并不相同。例如，作业要求学生根据相同的标准与评分细则创建旅游宣传册，由于学生选择了不同的旅游景点，所以每个宣传册各不相同。而且，学生很可能运用任意媒介来设计宣传册。

项目的分配方法多种多样，取决于所运用的模式：

- 在多元智力的模式中，项目作业根据特定的智力创建，而学生根据自己的喜好来选择项目。

- 在学生选择契约的模式中，学生向教师提出开展某个项目的计划，内容包括想法、理由、程序和成果。契约需经教师批准方能实施。教师提出指导方针、要求与评价标准，建立项目的标准与预期结果。

应考虑以下问题：

- 项目是否可成为目前一个或多个课程内容领域的组成部分？

- 项目是否最终能展示学生在特定主题的学习成果？

- 项目是否为家庭与学校共同负责？

- 项目是否有意义？

制订项目作业时应考虑以下因素：

- 经验的适宜性：学生是否能处理与运用信息及资源？

- 内容：项目如何用于拓展学生在某个领域的学习过程？

请记住在项目进行过程中安排同伴会议，这样可以帮助学生确认是否按照日程表开展项目工作，以保证其工作进度。同伴会议有助于学生妥善安排好项目的进度，避免出现等到最后一刻才动工的现象。

五、问题解决的模式

问题可由学生个体、小组或全班确定，或由教师指派，而问题往往与所在学校、当地社区或全球生活及事务相连。问题可以分配给全班（T）、个人（A）、同伴（P）、小组（S），即 TAPS 模型。例如，学生认为当地社区的体育中心需要增设红绿灯。教师安排学生与交通工程师一起解决问题，如收集有关红绿灯安装的规则与要求。学生将收集的信息创建成图表以便分享。

教师安排全班同学参观体育中心的十字路口，以收集更多的信息。学生把收集的数据与交通工程师分享、讨论。时至今日，该十字路口已安上了红绿灯。

六、独立选择阅读的模式

独立阅读时间为学生提供了选择阅读小说或真实事件的机会。可以在教室的兴趣区提供相应的图书资源，便于学生在独立阅读时间选择。

学生在得到成人允许的前提下可以将来自媒介中心、当地图书馆或家中的图书带至教室。当收集完图书后，教室书架上应摆上与当前主题相关的多种信息，可参考下面的清单进行设计。

真实信息　　　　　　阅读能力水平

虚构故事　　　　　　参考资料

图解手册　　　　　　兴趣区

不同流派的图书资料

学生需要特定时间为自己的独立阅读选择书本和资料。学生可在图书架上找到他们迫不及待想阅读的书籍，这未尝不是鼓励学生享受阅读的理想方法。

七、指导性阅读的模式

指导性阅读的模式主要培养学生独立阅读能力，促使学生在阅读文章与其他材料时主动运用所学的阅读策略。指导性阅读活动是教师主导的学习，适用于全班、小组或单个学生等多种教学组织形式。

教师应确保每个学生都参与分享与讨论文章段落大意，教师提出有关阅读理解方面的问题以确认学生对文章的理解水平。提问应能激发学生运用原文意义来理解、推论、评价等多种阅读能力。在特定的阅读时间里，教师通过示范、解说、举例、讨论的方式来讲解上述阅读能力。

在绝大部分课堂中，阅读小组应由具有相同需求的学生组成。当老师和一个小组在进行阅读教学时，其他学生在学习中心与同伴或独立完成特定的阅读任务。小组成员会随着学生阅读需要与优势能力的变化而调整、重新组合。

教师在指导性阅读中的角色

教师引领学生在阅读文章段落时示范适宜的阅读能力与阅读策略。

1.激发先前的知识。运用导入语、关键问题、图表、音乐或者提示来激发学生回忆先前的知识或者相关经验：

- 你认为这里描述了什么？

- 将会发生什么？

- 今天我们将……

- 你还记得多少……？

- 是否记得我们曾经……？讲给大家听听。

- 请看这幅图。这幅图告诉了我们什么？

- 题目和标题是否让你回忆起曾经看过的书籍或者经历过的事情？讲给我听听。

- 当你听到这段音乐时，你想到了什么？

2. 教授与文章相关的词汇、课程标准和阅读能力。

3. 监控学生的阅读过程，采用线索、提示、协助等策略给予适宜回馈，以加深学生对文章的理解。

4. 教学生如何监控自身的阅读理解过程以及如何弥补阅读中出现的错误。

5. 运用建构文章意义的高效阅读方式来示范阅读推理过程。当学生学习该方式时，教师分步骤指导学生。教师说出自己的阅读思考过程，向学生演示阅读时如何监控思维。

指导性阅读模式示例

1. 选择阅读材料，确定小组组员，运用灵活的分组方式。

2. 根据学生的阅读水平，分配相应的阅读材料。

3. 准备阅读。

- 测评学生的背景知识。
- 用悬念或预期奖励激发学生的兴趣。
- 确定目标。

4. 用新颖的方式介绍生词和所需要的阅读能力。

- 分析词汇的结构。
- 学习新词及其在文中的含义。

5. 预测文章情节。

6. 采用预先阅读的方式来介绍文章。

- 讨论题目与标题。
- 预习统计图、表格和插图。
- 呈现关键问题和预读目标。
- 宣布学习重点。

7. 阅读文章。

- 选择短小的文章。有些作业要求做读书笔记。
- 提供独立阅读时间。

● 根据需要提供协助。

8. 讨论和发展理解能力。

　　● 讨论问题答案与发现的事实。

　　● 回顾文章结构与顺序。

　　● 重新界定目标。

9. 如果学生的朗读能力薄弱，安排与小组成员、同伴或全班同学再次朗读课文。

10. 根据个别需要安排差异作业。

11. 采用智力与学习风格 ① 工具设计活动和作业。

12. 在延伸活动中教授并练习概念、能力与策略。

13. 指出如何获取补充信息和资源。

14. 安排有创意的展览、成长记录袋、汇报和口头陈述活动。

指导性阅读的评估

运用表 1.3 的检核单来评估学生的阅读水平。

表 1.3　指导性阅读的评估			
学生姓名：_____　　教师姓名_____　　日期：_____			
学生的能力	**还未具备**	**正在形成**	**已经具备**
有表情地朗读			
认识生词			
认识与使用标点符号			
理解课文			
复述故事或信息			
预测			
解释人物的感受			
推论			
评价			

① 学习风格指学生偏好的学习方式，如视觉型、听觉型、动觉型。——译者注

八、语言体验的模式

教师在语言体验活动中选择与内容相关的主题，给予提示或提问要求学生口头回答。

当学生回答时，教师精确、逐字逐句地记下学生的话语。该活动展示了阅读与写作之间的联系。学生聚集在教师身边阅读被记录的词语。推荐使用网格图表纸做记录，因为它便于操作、展示、移动与反复查看。当学生的话语被记录时，非常有必要让学生看到用来记录的工具，如表格、黑板、纸张或电脑屏幕。

在语言体验活动中，学生观察了字母形成单词、单词组成句子、句子汇成段落的过程。教师重复学生的词语，示范口头语言如何以书面形式呈现。常常有学生不明白他们所说的词语其实与纸片上书写的词语是相同的。教师明确展示口头语言现在如何变成了书面语言。按照记录的结果念出每个词组。记完每句话后教师念出每个句子，邀请学生念出特定的词组和句子。引领小组重新念和重新记录信息。

学生可能知道他们想表达的内容，但是却难以把它写下来。语言体验活动引导学生理解将话语写下来的意义。语言体验借助具体内容的课堂教学说明了写作与阅读之间的紧密联系。

学生在语言体验活动中领会自己所说的话如何转成文字，进而阅读自己所说的话，教师在这过程中给予必要的指导与帮助，这就是该活动的独特与重要之处。语言体验适用于个人、小组和全班活动。

低年级的语言体验

低年级通常由教师选择语言体验活动的主题。学生在书写开始之前选择一个题目，或者在活动结束时选择一个朗朗上口且巧妙的题目。

学生口头叙说，教师记下句子。教师一边在图表纸上书写，一边念出单词中的每个字母，学生跟着复述字母。例如，当学生的句子是以 T 开头时，老师边写边念"大写 T"，学生跟着念"大写 T"。当字母组成了单词时，教师和学生一起念单词。例如，教师说，"T-h-e，/ðǐ/"，学生跟着念。

　　教师运用这种方法强化了字母的读音、单词的拼写、单词连接成句。当句子写完后，教师一边念句子，一边用教鞭指点句子中的每个单词，以引起学生对单词的注意。接着由学生复述句子。学生识别字母、拼写单词和阅读文字的能力会越来越熟练，学生的进步也会愈趋明显。当教师在书写字母和单词时，学生齐声跟着教师念。写完一张图表纸，意味着全班学生和老师一起阅读了整个故事或段落。

高年级的语言体验

　　语言体验活动对高年级的口语主题表达非常有效。在小组或全班讨论时，采用网格图表纸、黑板、投影仪、电脑屏幕来记录学生的回答。教师在写完后念出每个单词、句子或段落。教师的重复可强化学生识别单词和正确拼写的能力。

　　无论何时何地，只要教师记录了学生的话语，这就是语言体验。班级讨论时教师可记录学生的回答，这样，学生能意识到教师正在把他们的讲话转换成书面语，因此当学生在考试中回答开放式问题时，他们知道作答就是把自己的想法写下来。有的学生知道问题的答案，但是不知道怎样把想法和信息誊写在试卷上，而语言体验活动能帮助他们认识到二者之间的联系。语言体验活动有助于发展学生的元认知能力，这也是学习所有课程应具备的能力。

　　教师在书写学生的回答时常常错误理解学生的信息。鉴于学生有可能不会主动去纠正教师的错误，教师应该不断要求学生澄清说明以准确达意。

　　教师鼓励学生进一步解释所表达的意思。如果信息不够清晰，教师可以请学生回答探究性问题。鼓励学生采用解释说明的方法来澄清之前的回答。以下是澄清时教师常问的问题：

- 请再多说点。
- 哪部分你不理解？
- 请解释这个观点。

◉ 这是什么意思？

创建类似表 1.4 中语言体验的调整作业。确定学生的知识基础，并记在表格的中间一栏。把学生下一步需要发展的能力记录在表格顶部的一栏中。

表 1.4　语言体验的调整作业		
◉ 能阅读与写作故事。 ◉ 在语言体验过程充当主要的贡献者 ◉ 拥有坚实的语言与句法结构的基础知识。 ◉ 在老师写出来之前能拼出单词。 ◉ 流畅阅读，并理解阅读内容	◉ 对故事或主题有贡献。 ◉ 能识别和知道大部分常用单词的拼写方法。 ◉ 在没有辅导的情况下，能阅读大部分单词。	◉ 能跟着教师复述字母和单词。 ◉ 在没有辅导的情况下，能够阅读某些单词。
高掌握水平	**接近掌握水平**	**起步水平**

九、分享阅读的模式

在分享阅读活动时，学生应该人手一份阅读材料，并且围坐在教师周围。选择适宜的文章是分享阅读活动成功的关键。当教师念文章时学生跟着阅读文章。如果学生知道念单词就可以加入教师的朗读。在分享阅读时，教师提供必要的单词提示或线索，然后学生再次朗读或复述。该方法尤其适用于阅读起步者和所有年龄的英语学习者。

分享阅读的模式遵行以下原则：

1. 选择富有趣味、引人入胜的文章。

2. 选择具有预测性语言的书籍，如押韵的文本、重复的句子。

3. 采用令人兴奋的悬念开启阅读分享活动，以唤起学生的阅读兴趣。

4. 让学生预测文章的某个内容。

5. 大声朗读文章。

6. 就某个部分进行讨论。

- 要求学生用自己的语言来复述。

- 引发和证实所做的预测。

- 叙述细节和重要的描述性信息。

7. 运用多种方式来朗读。

- 安排学生和教师一起朗读其中的段落。

- 要求学生加入他们能朗读的部分。

8. 提供延伸活动体验。

学生在分享阅读活动中，认识了书面语言与口头语言的联系。他们学习从头到尾地阅读文章，从左到右、从上到下阅读书面文字。学生听到和看到了教师示范的阅读方法，也听到了富有表情且流畅的讲故事过程。当反复聆听该书或文章时，学生进一步发展了听力理解能力，增长了书面词汇量。教师在讨论和延伸活动中要教导学生理解书面文字所传达的意义。

十、大声朗读的模式

大声朗读活动能让所有年龄的学生有机会聆听语言的发音和韵律。每个学生每天都应聆听书籍或故事。《大声朗读手册》（2001）一书的作者吉姆·特里兹认为，如果每个人从出生到 21 岁之间每天都能聆听书籍或故事，我们便会生活与徜徉在文学殿堂。

教师可以每天大声给学生朗读书籍或故事，把朗读作为每天特别的例行活动，设置在所有科目、所有年级的课堂中。从学习主题或者学生非常感兴趣的领域中选择文章，可以参考表 1.5 中推荐的大声朗读的材料来源。大声朗读时段创设了学生阅读与聆听的学习机会。当成人大声朗读时，他们需要通过情绪、语音的抑扬顿挫、感受来展示他们对阅读材料的热爱。当学生一边聆听一边阅读书面材料时，他们更为深刻地领会了字母与单词、单词与短语、短语与句子、句子与段落之间的联系。

表 1.5 推荐使用的大声朗读材料			
书籍中的章节	报纸	生活琐事	谜语
绘本	学校通讯	语录	通知
小说	杂志	格言	传略
课本	广告手册	脑筋急转弯游戏	抒情诗
日记	体育趣闻	卡通图书	诗歌
参考书目	电影回顾	戏剧剧本	连环漫画书
文章	英雄报道	时事	幽默
游戏统计数据	天气预报	时尚秘诀	广告
主题参考	社论	新闻回顾	旅游宣传册

十一、四部分组合阅读的模式

四部分组合的阅读教学采用结构化的方式进行四个特定阅读分领域的教学，例如词汇、指导性阅读、独立阅读和写作。每个部分的教学时间持续60～90分钟。

教学有时面向全体学生，例如所有学生需要聆听教师的学习要求与对学习任务的导入性介绍；有时需要安排学生单独练习阅读技能和策略，例如学生需要独立工作时间以用自己的语言解释所读内容；有时教师要安排学生与同伴一起阅读。通常教师运用该模式时采用小组教学形式，例如，教师负责一个小组的指导性阅读活动，教师将全班进行差异化分组，每个小组的指导性阅读活动均包含示范阅读、教授阅读技能、测验评估和运用思维能力等环节。

预先评估有助于教师了解学生掌握了多少与标准相关的背景知识。教师制订弹性的分组方案，使学生有机会运用其学习风格与优势智力来学习。四部分组合模式是采用结构化方法进行阅读教学的策略，每个部分均设有适宜的活动（见表1.6），教师通过精心设计的、有意义的课堂教学来发展学生的阅读能力与理解能力。

表 1.6 四部分组合的阅读设计	
词汇发展	**指导性阅读**
设计以下活动：	设计以下活动：
◉ 介绍、测验和复习词汇。	◉ 提供大量与主题相关的阅读材料（小说或非小说）。
◉ 解码和读出单词。	◉ 示范和教授阅读理解的策略与技能。
◉ 自动运用字母拼读法。	◉ 学习使用上下文线索的方法。
◉ 掌握常见单词。	◉ 使用课文或者复印所购置的图书
◉ 分析字源。	◉ 教授阅读技能与阅读工具。
◉ 学习和运用词义。	◉ 复查对文章的理解。
◉ 用记忆术与联想法来学习新词。	◉ 阅读与主题有关的不同风格的作品。
◉ 在日常会话中运用新词。	◉ 运用不同的思维水平来检查阅读理解情况。
◉ 促使学生运用其优势智力、学习风格和兴趣。	◉ 提问包括简单事实、推论或评价等多个类型。
◉ 使用单词游戏来吸引学生。	◉ 培养学生推论作者意图、总结文章大意和描述主要细节的能力。
	◉ 提出问题并寻找答案。
独立阅读	**写作**
设计以下活动：	设计以下活动：
◉ 学习如何选择和阅读材料。	◉ 用书面方式解释所读信息。
◉ 练习某个阅读技能。	◉ 用图表记录思考过程与结果。
◉ 培养阅读的流畅性与热情。	◉ 表达观点和得出结论。
◉ 有机会阅读多种读物。	◉ 运用多种写作方式。
◉ 独立或与其他人共同阅读。	◉ 运用多种写作风格。
◉ 能按自己的速度阅读。	◉ 反思。
◉ 提高阅读理解能力与信息解释能力。	◉ 自我分析。
◉ 获得个人的成功。	◉ 加工信息。
◉ 根据兴趣阅读。	◉ 批评、分析和总结。
	◉ 提供选择。

十二、从模式到实施

　　下列阅读差异教学策略包括议程、骰子、学生用书、图表、选择板。每个活动均具有灵活性，以满足学生需求的多样性。

议程与清单

　　议程指个别学生或小组需要在独立工作时间完成的任务清单。当学生按照议程工作时，教师常常开展小组教学，提供辅导或者对单个学生进行测评。

　　议程是教学设计的组织工具，能帮助所有学生完成符合自身水平的任务或工作。议程适用于任何课程以及任何年级。教师可安排学生小组相同的任务清单，也可根据学生的需要与知识基础进行调整。

　　个别学生或小组的议程可用折叠纸陈列或者直接展示在教室的指定区域。教师依据前测结果制定议程任务。在议程工作开始前，教师首先要确保学生知晓工作完成的截止日期，学生必须在指定时间内完成议程清单中的任务。例如，在某个单元学习中，教师分配给学生特定的学习任务，学生要先弄清楚任务完成的截止日期。知识水平相近、兴趣相投或者能力水平相当的学生完成相同的任务。

　　教师和学生评估任务进展程度。议程折叠纸需包含议程日志（见表 1.7）或者议程清单（表 1.8）。学生在每个工作单元完成后按照要求填写日志表。

表 1.7　议程日志

项目和日期	今天我的任务	我需要在哪方面得到帮助	完成日期	评价

表 1.8　议程自我检查表

学生：＿＿＿＿＿＿＿＿　　　　主题、科目或单元：＿＿＿＿＿＿＿＿

作业布置日期：＿＿＿＿＿＿　　截止日期：＿＿＿＿＿＿＿＿

任务	A	B	C	D
任务或作业				
开始工作的日期				
完成日期				
我学到的内容				

请求帮助				
困惑与问题				
评价				

检核点	检核人_____	签名_____	日期_____
检核人 S: 自己 C: 同学 P: 家长 T: 教师	检核人_____ 检核人_____ 检核人_____	签名_____ 签名_____ 签名_____	日期_____ 日期_____ 日期_____

为何使用议程？

● 进度：议程可教给学生组织任务、有效利用时间以及在指定时间内完成任务的方法。教师要安排充足的时间，以使学生有效地完成每个任务。

● 次序：学生自己决定完成议程中各个项目的顺序。有些学生先完成最容易的任务，而有些学生可能先完成较难的任务。

● 独立性：议程可培养学生的独立性。按照议程来工作的学生能够承担学习的责任。

● 完成任务的时间：教师依据测验成绩评估学生需要发展的技能后，在议程中安排相应任务以使学生独立练习并且提高这项技能。这种方法减少了教师的工作负荷，并且能提高时间使用的效率与质量。

怎样使用议程？

● 教师安排所有任务。

● 教师安排部分任务，学生从选择板或议程项目清单中选择其他任务（见表1.9）。

下面是议程使用的实例。教师安排了 1～3 个任务，要求学生另外选择 2～4 个任务。学生也可以设计与主题相关的活动，递交教师以获得教师同意。

表 1.9　议程任务举例

阅读材料	电脑活动	艺术项目	逻辑思维	重演	操作学习	视听活动
● 在材料上做笔记。 ● 用图表标记信息。 ● 制作文章的资料页。 ● 辨认词汇与意义。 ● 用文中信息制作信息列板。 ● 采用新信息设计海报。	● 收集网络上的相关研究。 ● 制作 PPT。 ● 制作该主题的单词文件。 ● 玩填字游戏或其他单词游戏。 ● 玩教育类的电脑游戏。 ● 运用与事有关的电脑程序。 ● 设计图表。 ● 运用文字处理软件以另外的风格来添加事实。	● 制作拼图或悬挂饰物。 ● 绘制壁画。 ● 制作微型立体布景。 ● 人物雕刻。 ● 制作舞台布景。 ● 图示信息或程序。 ● 制作社论漫画。 ● 绘制事件发生的场景。 ● 举例说明单词或概念的意义。	● 写下你所学习的内容。 ● 创建时间流程表。 ● 分步骤写出流程。 ● 解决问题。 ● 回答与主题有关的问题。 ● 修改实践体验。	● 模拟、举例或示范。 ● 采访故事中的人物。 ● 角色扮演某个人物或情节。 ● 把阅读材料改写为剧本。 ● 把单词或概念意义表演出来。	● 使用教具。 ● 设计实验。 ● 遵循游戏规则玩游戏。 ● 布置展览。 ● 在兴趣区工作。 ● 制作木偶剧。 ● 制作摹本。 ● 制作人物、场景的纸板模型以记录事件。	● 听磁带、CD 或录音。 ● 研究电影片段。 ● 与同伴一起阅读。 ● 写作并与同伴分享。 ● 参与课文的讨论。 ● 组建相关的文学社。 ● 观看重新扮演活动。

阅读学习区、中心和站

学习站（见表1.10）是差异课堂教学的重要补充。先实施前测，以帮助教师有效了解学生下一步需要进行的活动。根据以下建议策略性地设计教学活动：

- 教授必要的信息。根据学生的知识水平选择活动以教授标准、概念和技能。记住，分层的活动与任务都要提供符合年级水平与更高难度水平的学习机会。

- 激发与维持学生的兴趣，唤起学生的期待与渴望参与活动的热情。

- 提供与学生年龄相符且令人兴奋的任务，以激发学生的好奇心，挑战其学习能力。

- 提供无需成人监督而学生会全力以赴进行的任务。

表 1.10　阅读站或中心

阅读站	写作站	操作站	交流站	理解站
● 参考书目	● 写书	● 剪贴簿	● 人物辩论	● 脑筋急转弯
● 研究	● 写下回答	● 创意性艺术	● 采访	● 图表
● 书籍角落	● 作者的日记	● 词汇分类	● 学习单词	● 游戏竞赛节目
● 书评	● 反思	● 纵横字谜游戏的线索	● 词汇卡游戏	● 体育趣闻
● 评论家中心	● 笔友发布	● 拼图俱乐部	● 小说研读	● 电脑实验室
● 报纸评论	● 写作文	● 文件夹活动	● 听故事	● 观察日记
	● 邮箱	● 流水组装线	● 重演	● 配节奏
	● 诗歌角	● 制作书籍	● 模拟	● 技能总汇
	● 折叠纸	● 涂鸦连线	● 规则游戏	● 加工中心
	● 人物日记	● 词汇分类	● 跺脚游戏	
			● 两人辩论	

尝试管理诀窍！

采用不同的颜色代表学生不同的知识基础或背景水平，然后用不同颜色标记折叠纸与活动（见表1.11），例如把黄色、红色或绿色活动分配给学生，即意味着分配不同层次的标准、技能或概念的学习任务（Chapman & King，2008）。

表1.11　彩色代码折叠纸/活动		
绿色 （正在成长）	课程倒溯	弥补学生学习该任务所需的重要背景知识。
黄色 （冉冉升起的太阳）	年级水平	练习教学目标中的标准、概念或技能。
红色 （尽情燃烧！）	课程加速	激发更高的思维水平，因为学生已经具备学习下一任务的能力。

阅读回应中心所需的材料

（1）使用多种纸张

形状　　质地　　大小　　颜色　　图案

（2）使用不同类型的纸张

彩色美术纸　　　复印纸　　　句子纸条　　　海报板

笔记本的纸张　　信纸　　　即时贴　　　计数单

目录卡　　　硬纸板　　　纸袋　　　塑料袋

信封　　　洋葱皮　　　幻灯片　　　便条本

（3）尝试其他写作材料

白板　　黑板　　布　　折叠纸

（4）使用不同的书写工具

尺寸：短　长　短粗　细长

类型：铅笔　钢笔　粉笔　彩色铅笔　记号笔　荧光笔　蜡笔　夹纸的写字板

阅读站的技术装备

（1）装备

戴耳机的MP3播放器　DVD播放器　相机　　　投影仪　　　台式电脑

笔记本电脑	计算器	文件阅读器	CD 播放器	打印机
录音机	掌上游戏机	手提摄像机	电子白板	扫描仪
传真机	对讲机			

（2）网络资源和软件

MySpace.com　班级网站　网络搜索　博客　演示文稿　文字处理软件　天气预报文件　计算机辅助设计软件（CAD）　网络探究　聊天室　漫画浏览器（iComic）　苹果公司音乐软件（iTunes）　图形图像处理软件（Print Shop）　电子表格　剪贴画（Clipart）　概念图软件（Kidspiration）

（3）舒适的附加材料

用于就座的：方形地毯　摇椅　小块地毯　椅子　沙发　桌子

用于娱乐的：灯　毛绒玩具　植物　书签　瓶装水　枕头

（4）与主题有关的资源

课文　图表　说明书　平面造型艺术作品　图画　日记　时间线　剪贴簿

日志　文件夹　主题词清单　参考资料　杂志　手册　技能图

骰子活动

　　骰子学习活动（cubing），是一种有助于学生运用和分享他们在阅读标准、主题、人物、事件、场景、词汇和主要观点等方面思考结果的学习策略。骰子的每一个面都标注了说明，指导学生运用从课文或材料中获得的信息。骰子可用颜色指代不同的学习能力。例如，橙色骰子针对阅读困难学生准备了六种干预活动，蓝色骰子针对阅读能力强的学生准备了六种有挑战的活动。教师使用骰子能增加阅读信息加工活动的新奇性和趣味性。

　　教师可依据学生的优势能力创设骰子学习活动。如果学生难以理解某个概念或难以掌握某项技能，教师则可以充分发挥学生的优势才能来学习。例如，音乐能力不错的学生可以通过歌唱、说唱或朗诵诗歌的方式来学习。骰子学习活动也可以用于改善学生的弱项。骰子学习活动可以设计得富有趣味、引人入胜。而且，该学习活动作为一种教学工具，能在教授课程标准、问题解决、高级思维方面有效激发学生的学习兴趣（见表 1.12）。

确认骰子任务数字编号的不同方法

- 用数字标识清单上的各项。滚动骰子以确定清单中需要完成的任务。
- 把每个指导语写在彩色的小纸条上，把纸条放入容器内，要求每个学生取一张纸条。
- 使用标记了 1 ～ 6 数字的旋转球。
- 要求小组的学生按 1 ～ 6 报数。
- 要求学生从 1 ～ 6 之间挑选并写下一个神奇数字，学生出示并分享所选数字。如果两个或两个以上的学生写了同样的数字，他们可以独立完成相同的任务。这样即使学生的任务相同，而他们的回答也会各不相同。

表 1.12　骰子学习活动	
阅读骰子	**思维骰子**
● 解释情节。	● 编制清单。
● 说出人物的特点。	● 描述。
● 绘制故事场景图。	● 辩论。
● 制作事件时间线。	● 运用。
● 把重要事实制作成图表。	● 结论。
● 概括文章大意。	● 评价。
视觉 / 空间骰子	**身体 / 肢体骰子**
● 设计海报。	● 设计教授某个内容的动作。
● 制作图表。	● 角色扮演。
● 标注颜色代码。	● 用实物来示例。
● 组建小圈子。	● 建立模型。
● 制作横幅。	● 玩哑谜猜字游戏。
● 设计广告。	● 用动作表达振奋的心情。

多元智力骰子	阅读结束骰子
◉ 举例说明。	◉ 写摘要。
◉ 情节信息。	◉ 设计游戏。
◉ 角色扮演。	◉ 运用教具。
◉ 创作诗歌。	◉ 制作海报。
◉ 表明态度。	◉ 创作歌曲。
◉ 联系你的生活。	◉ 在日记中反思。

设计骰子的建议

◉ 根据布鲁姆的目标分类来设计不同水平的问题。例如：

◉ 找出意思是＿＿＿＿＿＿＿＿的单词。（知道水平）

◉ 该信息对我们社区的意义是什么？（评价水平）

◉ 把学习风格纳入阅读活动。例如，对于具体形象思维的学生来说，其活动为"设计可以说明＿＿＿＿的模型"。

卡片翻面游戏

让全班同学创设有关阅读作业的问题。把全班学生分成三人一组。

1. 向每个小组发放 6 张卡片。不同的小组使用不同形状的卡片。

2. 向每个小组分配文章段落。

3. 鼓励小组找个舒适之处去阅读和工作。

4. 告知小组设计 6 个重要的问题并找出答案。

5. 把问题写在卡片的一面，每个问题使用一张卡片。

6. 把答案写在其他卡片的另一面。注意：答案和问题不能在同一张卡片上。

7. 把卡片收齐后打乱顺序，发给学生。

8. 学生轮流读出问题。

9. 如果学生拿着有正确答案的卡片，就说"翻面"。

10. 学生读出正确答案。

11. 如果答案不正确，重复先前的问题直到学生得出正确答案。

变通做法：卡片翻面游戏可用于复习。活动结束后把卡片放在学习中心或学习文件夹中。

选择

把学生的选择列入教学和日常例行活动，这在任何时候都具有可行性和适宜性。选择可激励学生学习，赋予学生学习的控制感。当学生用其喜欢的方式学习时，他们能展示他们所知道的内容。

给予学生如下选择机会：

就座方式	文学作品的风格	学习伙伴
阅读材料	探究的事实	兴趣领域
口头陈述风格	研究资源	书写工具
纸张类型	学习用具	网络资源
参考资料	工作角色或任务	单独或合作学习

采用与阅读模式配套使用的选择板，是为了提供灵活的学习策略。例如，教师可以让学生从选择板上选择一个或更多的活动。学生通常喜欢由自己来做决策。切记，选择板的设计用意是为了教授或强化课程内容与满足学生需要。表 1.13 为选择板实例。

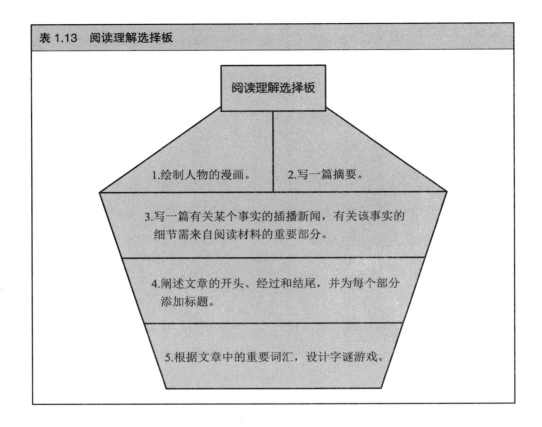

表 1.13 阅读理解选择板

阅读理解选择板

1.绘制人物的漫画。

2.写一篇摘要。

3.写一篇有关某个事实的插播新闻，有关该事实的细节需来自阅读材料的重要部分。

4.阐述文章的开头、经过和结尾，并为每个部分添加标题。

5.根据文章中的重要词汇，设计字谜游戏。

总结

本章所论及的阅读模式是重要的教学设计工具。在收集测评数据后，教师应选择最适宜的教学模式以协调学生需要与课程内容标准、教学目标的关系。调整阅读模式，确保设计的教学活动能适应不同学生的知识水平。

实施差异教学策略来完善阅读模式。在教学设计时，可组合使用议程、骰子、选择板等新颖的活动。当你仔细考虑每个学生的阅读学习过程时，应精心选择适宜的阅读模型和教学策略以开展差异教学。

第二章
促进学生进步的学习责任逐步转移模式 ①

路易斯·A·蓝宁

实例不是影响他人的主要因素，而是唯一的因素。

——艾伯特·施韦策（转引自安德森，1975）

试想，如果你在完成充满挑战的学习中获得了成就感与自信，这种体验来自体育运动，还是学术课堂，抑或业余爱好？想想你经历的学习过程（学习的不同阶段），以及为了学习复杂任务而需掌握的知识水平。现在请想想随着学习的深入你的表现如何有了逐步提高？假设某人正在学习打高尔夫，高尔夫的学习包含许多内容与学习阶段。下面列出了高尔夫的部分学习内容，以帮助我们理解高尔夫的学习过程。

事实性知识——指学习目标、名称、高尔夫球棒的运用、基本规则、礼节等。

概念性知识——指理解打高尔夫所需掌握的关键概念，例如球场的方位、风速、专注力、动机等。

策略——指怎样在不同场地和环境下把球从一处移动到另一处的心理计划。

技能——指完成特定策略所需的调整高尔夫球棒挥动角度和高尔夫球飞行路线的能力。

---

① 本文选自路易斯·蓝宁著：*Four Powerful Strategies for Struggling Readers, Grades 3-8: Small Group Instruction That Improves Comprehension*，科文书社。

　　显而易见，学习高尔夫不等于挥动球杆和击中球。和其他复杂的任务一样，想要成为好的高尔夫球手，大部分人需要接受能反馈其学习结果的高质量教学，以及在不同类型的高尔夫球场进行练习。如果教练清楚学员的特点以及高尔夫学习的特点，并且能给予学员密集指导，这将加速学员的学习进度，促使他更快地进入下一个学习阶段。资深的教练会逐步让学员肩负更多的学习责任，确保学员取得持续的进步和成功。

　　上述高尔夫学习怎样运用于阅读困难学生的教学呢？比格和谢米斯（1999）指出，学习迁移的关键问题在于弄清楚哪些条件能引发最佳的迁移。例如，首先围绕教学重点设计课程，确保学生接受清晰、重点突出的教学，然后学生在课程结束时独立练习该教学重点。迁移教学一般应该包含上述环节。市面上有不少针对3—8年级教师如何开展小组阅读教学的书籍。假设中年级的教师把小组阅读教学作为阅读困难学生的每天例行教学活动，但是却没有遵循逐步放权的课程设计模式，也没有安排不同课文类型的指导阅读活动，因而常常会出现前后教学重点缺乏联系的情况。结果，许多阅读困难学生从未有机会能深入理解阅读理解的加工过程。

　　逐步放权的课程设计模式旨在教授重要的阅读理解策略。阅读策略可以加深学生的理解与支持学习迁移，更重要的是，提高阅读落后的学生的学习速度。教师需要提供多种体裁的课文让学生练习，同时在丰富的阅读环境中提供适宜的教学支架，进而逐步放权让学生肩负更多的学习责任。

学习责任逐步转移的课程设计

　　教师的主要教学角色是尽最大可能促进学生学习独立迁移的能力。五步课程步骤，又称逐步放权的课程设计，是促进学习迁移的教学支持模式。该课程模式的五个步骤得到了研究支持（Duke & Pearson，2002）。以下为该课程设计的步骤。

　　1. 清晰说明策略的定义以及策略使用的方法、时间、场合与理由。

首先，教师简要解释本课教学重点所涉及的策略与技能，并在阅读理解过程中解说策略、技能的特点。教师应特别引领学生关注他们在本课中要做的事情。教师此时掌控讨论权，也可通过提问非常简要的问题来邀请学生回答，以进一步突出教学重点。

2. 教师和／或学生示范策略使用方法。

教师仍然主导课堂。此阶段展示本课的教学重点，教师告诉学生"看着我是怎样做的"，示范好的阅读者在理解课文时运用策略的过程，以此向学生展示策略运用的思维过程。

我们不能想当然地认为阅读困难学生此时即能弄懂本课的教学重点。第 1 步和第 2 步大约持续 5 ～ 10 分钟（一堂课 30 分钟）。随着后续课堂的延续以及学生的进步，前两个步骤的时间可以压缩，以腾出更多的时间供学生练习和阅读课文。

3. 合作运用策略。

学生现在已经做好了实际运用策略的准备。教师仍然主导课堂，但也邀请学生试验本课的教学重点："请你帮助我"或者"让我们一起做"。

步骤延续教师指导下的练习方式，这样教师可确认学生是否理解了所教内容，同时也可以根据学生的需要调整教学支架。我们不希望阅读困难学生用错误的方式练习策略与技能。

4. 采用学习责任逐步转移的方式，学生在教师指导下练习运用策略。

现在学生已准备好掌管学习了，但是仍需要教师在旁给予协助与反馈。教师密切观察学生，并根据需要提供建议、提醒或确认，但是教师逐步隐身退后，将学习主动权转交给学生。这是本课的关键环节。教师应确认学生独立运用策略的能力达到了什么程度。在学生开始独立学习且教师撤走巡视与辅导之前，他们需要在教师指导下进行充分练习，以展示他们成功运用该策略的能力。

教师的最终目标是帮助学生认识自己在建构课文意义时需要何种支持。在该步骤中，互动不限于单个学生与教师的互动，也有学生之间的互动。学生之间的讨论与互相支持有助于创建更为浓厚的分享学习责任的氛围以及加深学生对学习内容的理解。

5. 独立运用策略。

学生已经准备好独立或者与同伴一起运用所学策略与技能，此时学生已经拥有独立运用的能力与信心。学生从事的任务类型应拓展与强化他们的学习。如果学生离开小组成员，仅仅只是回座位完成活页练习题，这种安排并不妥，而且缺乏与课程学习内容的一致性，同时学生并没有真正掌控学习主动权，他们难以迁移学习，也难以实现加速进步的教学目标。第 5 步并不是课程设计的负担。真实的阅读与写作任务、同伴讨论，可鼓励学生在阅读理解过程中反思，此为最有效的活动安排。

上述五个步骤体现了学习责任从教师到学生的逐步转移过程。皮尔逊和加拉赫（1983）总结归纳了阅读理解教学的课堂教学步骤（见图 2.1）。

图 2.1　学习主动权的逐步转移模式

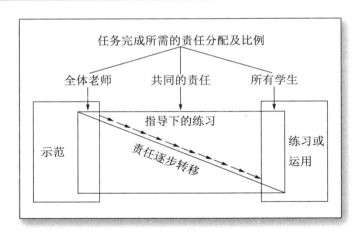

资料来源：*Contemporary Educational Psychology*，Volume 8，Issue 3，P. David Pearson & Margaret C. Gallagher，"The Instruction of Reading Comprehension"，Page 337，Academic Press（1983）。

我们建议在小组阅读教学中使用该模式的五个步骤，理由如下：（1）教师能密切监控学生的进步。如果学生有困惑，教师可以迅速调整教学。（2）学生学会课堂应有的良好行为。掌握课堂常规对学习困难学生尤为重要。阅读困难学生往往具有"外在控制点"的心理特质，即他们不关注学习，而是常常将更多的精力用来掩饰自己没有学会的真相、猜测教师对他们的预期和想法、猜测课堂会有哪些活动。

逐步转移学习主动权的课程设计提供的中介支持，促使阅读困难学生深入认识并且掌握重要的阅读理解策略。通过该模式的五个策略架构的桥梁，阅读困难学生高效迁移阅读策略的能力将会大幅提高。桥梁指教学更好地满足了最佳迁移的必要条件。教师不能想当然地认为学生会自主迁移策略，而应通过必要的概括过程和建立联系来促进学生迁移运用策略（Perkins & Salomon，1988，p.28）。这就涉及教学如何促进学生有意识地进行抽象概括，如何有选择性地运用教学材料（James，2006，p.152）。

阅读困难学生需要在不同体裁的阅读材料中运用所学的课程重点，并且阅读材料的结构、长度、词汇、所含概念等要缓步增加难度，这是建立迁移以及加速学习的关键。例如，某个课堂的教学重点为创建有意义联系的策略，即建立"文章与文章的联系"（text-to-text connection）的技能。在课堂的第二步（示范）中，三年级教师通过大声思考的方式来帮助学生在熟悉的课文中练习该技能：

在我读《脸上有伤疤的女孩》（*The Rough-Face Girl*）时，我发现它与《灰姑娘》这本书有点相似。我知道这两个女孩都有坏心肠的姊妹。灰姑娘和脸上有伤疤的女孩生活得很艰难，她俩都是好心肠的姑娘……通过思考文章与文章之间的联系，即这两本书哪些地方相同、哪些地方不同，我对两本书有了更好的理解。

除了课堂流程要满足学习迁移的条件，教学活动也应被调整以最大可能促进迁移。此时为低水平的迁移，即所设计的教学活动能帮助学生把所学的策略与技能运用在极为相似的场景中（James，2006，p.152）。例如，在学习新策略的起始阶段，学生练习时用的课文和活动应与教授教学重点时的课文、活动保持高度一致，非常明显地突出策略和技能的迁移运用，这对阅读困难学生非常重要。下例中三年级的教学重点为"确定事件和想法并将之排序"，这是"概要"策略的部分技能。教师当前分析的文章中所用的连词与前天课堂中学过的连词完全一样，这种高度一致性是为了强化学生的迁移能力。

教师：我们知道作者经常给我们线索单词，以帮助我们理解事件有了变化。你们还记得讨论过的线索单词吗？

学生：（看着挂图）首先，第二，接着，然后，最后。

教师：完全正确。我们先做热身练习，请阅读这篇短文，然后确定事件发生的顺序。一旦我们确认了事件的顺序，就能运用这些信息来总结文章了。"新伦敦市动物园接收了第一批的三只动物。第一只动物是鹿，第二只动物是猴子，第三只动物是狮子。新伦敦市的孩子们迫不及待地等着动物园开门了！"

逐步转移的课程设计流程采用促进学习迁移的教师支持，因而学生逐渐增强的自主性平衡了明确教学模式所具有的教师主控性。该模式使用一致的教学步骤，而且根据学生反应及时调整，从而使教学具有灵活性，避免了教学设计教条化。为了实现上述的灵活性，每个阶段所需的教学时间以及所提供的教学支架必须根据学生的阅读进步、对课文的熟悉程度、学习场景来做出适宜的调整。

支架概念的理论基础来自维果茨基（1978）。支架指学生独立完成在其最近发展区的任务或问题所需的支持与辅助。如果支架给予的帮助太多，就会减少学生学习的机会，同时学生更有可能将学习的主动权交与教师或者能力更好的同伴。如果支架提供的帮助太小，学生的精力太多花费在彼此没有关联的学习任务中，而且学生并没有理解学习目标，因而会对学习产生困惑与疲惫感。

支架式教学的六个显著特征如下所述（Meyer，1993）。当你在阅读时，我相信你开始理解逐步转移学习自主权的课程设计的理论基础了。

1. 教师帮助学生建立新旧知识的联系。

2. 学习责任从教师转移到学生。

3. 对话从传统的班级谈话转向更多的学生自主交谈。

4.非评价的合作关注学生的学习潜能而不是评价学生的现有能力。

5.教学水平的适宜性指学生在协助下在最近发展区内能做什么。

6.共同参与创设了学生积极参加学习与合作的机会。

学习责任从教师逐步转移至学生的过程（Pearson & Gallagher，1983）具有和支架式教学相同的特质，因为支架式教学的目标也是促使学生独立完成原本只有在协助下方可完成的任务。采用这种方式调整学生的学习，不仅可以提高其学习成绩，而且促使学生更长时间参与学习，更加灵活地迁移所学知识（Kong，2002）。

最后，为了强化学生的理解，教师在运用逐步转移学习责任模式教授阅读理解的四个有效策略与技能时，必须使用多种体裁的阅读材料与"如果怎样"（what if）的问题解决过程。借助丰富的阅读材料，精心与细致地教授学生如何使用阅读理解策略，教师一定能阻止阅读落后所造成的恶性循环。

结论与反思

教师可通过以下步骤来帮助学生学习阅读理解：

● 完整地介绍策略与技能，以及流利的阅读者运用该策略与技能的理由、方式、时间。

● 示范教师的思考过程。

● 鼓励学生提问与讨论可能的答案。

● 提供需要主动投入的任务以促使学生积极阅读（RAND Reading Study Group，2002）。

将上述每个做法融入阅读策略教学的课程设计流程中。而且，课程流程的步骤支持学习迁移理论，课程流程如果配以适宜的教学技术，可以为阅读困难学生提供所需的指导，使其成为独立、有策略意识及有能力的阅读者。本书采用的课程实例都特意遵循学习责任逐步转移的课程设计模式，因而学生可以更深刻地理解阅读理解策略以及最大可能提高学习的迁移效果。近期有关人类学习的研究显示，学习必须基于理解，只有这样，学习方能保留并且迁移运用到新的场景（Bransford，Brown，& Cocking，2000）。

当学生不断练习阅读策略，并且意识到阅读者必须主动运用这些策略（阅读理解的同时有意识地进行推理与计划）时，阅读困难学生会逐渐减少对阅读的畏惧心理。教师通过确认和教授四个重要阅读策略，并且运用这些策略来有组织地、有目的地学习支持上述策略的相关技能，可以提高阅读困难学生高效迁移所学策略的能力。

思考题

- 你现在的教学有哪些方法支持学习迁移？你如何为阅读困难学生重新设计教学以保证学习责任的逐步转移？

- 哪种教学活动可紧密联系课堂的教学重点或者最大可能促进教学重点的迁移运用？

- 你怎样保障逐步转移课程设计的 5 个步骤之间的关联与进阶？

- 你怎样在小组教学中鼓励学生更多参与讨论？学生之间的讨论如何增进了学习责任的逐步转移？

第三章
分层写作教学 ①

希拉·奥尔伯－摩根

美国教育界长期忽视写作教学。美国教育进展评价（National Assessment of Educational Progress，NAEP）报告指出，只有 25% 的 4 年级、8 年级、12 年级学生在 NAEP 的写作测验中达到流畅水平（Persky，Daane，& Jin，2003），这说明了忽视写作教学的后果。从学校学习到社区生活、从儿童期到成年，流畅写作都是个体成功的基本素养。写作能力影响个人的毕业、升学、就业与社会成就（Graham & Perin，2007）。随着年级的升高，对学生运用写作展现其所学所知的要求也愈来愈高。此外，21 世纪计算机技术的飞速发展也对人类写作提出了更多的需求（电子邮件、基于网络的教学）。良好的写作能力是学生交流、学习、研究、创造、提高其生活质量的强有力的工具。本章介绍了如何面向融合班级中不同能力的学生，运用三级干预反应模式（response to intervention，RTI）进行教学，展示了写作领域的循证实践 ②。

融合班级的学生往往具有多样且独特的背景，写作教学应能为所有学生，包括学习困难学生，提供令人兴奋的、丰富的学习经历。写作困难学生往往在单词拼写、思路组织、自我监控方面存在困难。他们的作文篇幅短、中心不

---

① 本文选自希拉·奥尔伯－摩根著：*Using RTI to Teach Literacy to Diverse Learners, K-8:Strategies for the Inclusive Classroom*，科文书社。

② 循证实践（evidence-based practices）兴起于 20 世纪七八十年代的循证医学领域。循证医学主张慎重、准确和明智地应用当前所能获得的最好研究依据，结合临床医生的个人专业技能和多年临床经验，考虑患者的价值和愿望，将三者完美地结合，制订出治疗措施。教育界的循证实践指从教育政策到班级教学，教育决策必须建立在当前实证研究的最佳证据上，并且在实施中依据过程性数据进行监控与调整。——译者注

突出、缺乏细节描写，出现过多无关信息与太多语法错误（Graham & Harris，2003；Santangelo & Quint，2008）。写作困难学生也难以根据写作目的、读者与体裁来评判性地评价自己的作品（Santangelo & Quint，2008）。

　　教师对写作能力出众的学生抱有较高的期望值，同时为他们提供相应的支持以及频繁的机会来写作不同类型的作文（Graham，Olinghouse，& Harris，2009）。优秀教师不仅能创设真实、富有趣味的写作活动以保障学生的积极参与，而且能根据多元的学习需求调整教学，并且采用全班、小组、个别的教学组织形式开展写作教学（Graham et al.）。

循证教学实践

　　格雷厄姆与佩林（2007）在《下一步写作：初高中学生写作的有效教学策略》（*Writing Next*）一书中运用元分析，提出了被研究证实、可有效提高写作能力的教学方法，具体如下：（1）教授计划、修改、编辑的写作策略；（2）教授写摘要；（3）提供与同伴合作写作的机会；（4）设置明确的写作目标；（5）使用电脑写作；（6）教授学生组织句子；（7）教授前写作策略；（8）教授学生运用探究技能；（9）教授写作过程；（10）提供良好的写作典范；（11）课程学习（content learning）方面的写作。此外，单词拼写能力（书写、键盘输入、拼写）的教学可有效提高写作困难学生与写作初学者的写作质量（Graham et al.，2009）。本章将运用分层教学，在写作教学的书写、键盘输入、拼写、写作过程、运用科技写作等五个领域介绍上述循证的教学实践。

书写教学：一级干预

　　在儿童能用书面形式连贯表达自己的观点以前，他们需要具备必要的单词书写能力。也就是说，他们需要写出清晰的、单词拼写正确的字迹，以便读者辨认。小学低年级（K-3）开展一级干预的书写教学，二、三级干预的教学针对学习困难学生。年龄大的学生，一般依据其困难程度，在二、三级干预的教学中往往包含基本的书写与拼写教学。

计算机技术的运用降低了人们对书写能力的要求，但是书写对绝大部分学生而言不仅必要而且重要。书写需要熟练的眼手协调、精细动作控制、视觉动作记忆等多项能力。书写能力的发展起步于胳膊与手腕的粗大动作，逐渐转向控制书写能力所需的手指与大拇指的精细动作。为了促进早期书写能力的发展，教师应开展可提高学生精细动作、手部控制与手部力量的活动。这些活动包括填色、描边、涂鸦、绘画、剪纸、泥塑和手指游戏（如"五个小猴子"、"大拇指在哪里？"等）。

在小学阶段，儿童被要求先学习书写手写体，然后再学习草写体（cursive handwriting）。一些教育工作者质疑为何要教授两种不同的书写体。这是因为手写体更好辨认、更易学习、对精细动作要求更少，而且与书籍的印刷体更相似（Hagin，1983）。而在写草体时，学生更少反写单词或者出现空间错误。目前研究一般支持先教手写体然后在二三年级过渡到草写体的做法（Schlagel，2007）。

手写体教学通常在学前班[①] 开始起步。两种常见的字体为 Zaner-Bloser 与 D'Nealian。Zaner-Bloser 体的基本笔画为圆圈和直线。D'Nealian 体的笔画为椭圆与带尾巴的斜线，或者与草体类似的曲线，因而 D'Nealian 体中的字母写法有助于学生更早从手写体过渡到草写体。

多重感官的方法对初学者的书写教学非常有效。当学生书写时，教师口头描绘字母的笔画，通过这种口头指导的方式帮助学生学习字母的笔画结构。字母描红、横格纸、印章、模板以及边框垫版等都能有效地指导学生学习书写。一旦学生书写熟练后，教师应逐渐取消口头提示、彩色中间线、字母描红。相比手写体，草写体需要更多精确、协调的手部精细动作。多重感官的方法与逐渐取消支持的模式同样适用于草写体的教学。

当学生在纸上书写时，他们应保持舒适的就座姿势，两个前臂放置在桌面，

---

① 美国的学前班（Kindergarten）附设在小学，属于 13 年制义务教育的起始年级。——译者注

一手握住铅笔的尖端，另一只手扶住纸张的顶部。纸张必须与桌子的边缘平行放置，不能倾斜。对于草体书写，可按照纸张顶部与写字的手之间形成一定角度的方法放置纸张。教师可以用不透明胶带粘贴在桌面固定位置，以此指导学生如何放置纸张。以下是书写教学的建议（Graham，Harris，& Fink，2000）：

- 在黑板上示范字母的书写，并口头描述字母的笔画（例如，小写字母 i：
"在顶部的横线起笔，直接往下拉"；小写字母 b："在顶部的横线起笔，
直接往下拉，提起来，往前弯曲"）。指出字母之间的异同点（"字母 i 与
字母 b 起笔方式相同"）。

- 分步骤指导学生练习，首先从描红开始，然后从近距离的模板（页面）
上抄写字母，接着从远距离的模板（黑板）上抄写字母，最后依据回忆
默写字母。学生一边练习写字母一边说出笔画顺序。书面模板应该采用
数字标记的箭头来显示笔画顺序。

- 手写体字母按照由易到难的顺序学习，从直线组成的字母（l，i，t）到
曲线和圆圈组成的字母（如 c，a，b）。对于草写体，汉诺威（Hanover，
1983）建议按照如下顺序教授小写字母：e 家族（e，l，h，f，b，k），i
家族（i，t，u），c 家族（c，a，d，o，q，g），带辫子家族（b，o，v，w），
拱形家族（n，m，v，y，x），后面带尾巴（f，q），前面带尾巴（j，g，p，
y，z），r 与 s。

- 随着学生学会了写单个字母，他们很快会学习写单词、短语和句子。

有效的书写方案提供明确的教学、每天的小练习，以及将书写技能运用至有意义写作活动的机会（Schlagel，2007）。直接和针对性的反馈与表扬是有效书写教学的关键。为了培养学生的自我监控能力与独立性，可以让学生尝试自我评估书写的质量（Vaughn，Bos，& Schumm，2006）。例如，学生检查自己写的一行字母，把写得最好的字母画个圈，并把写得不端正的字母再重新写一遍。

书写教学：二、三级干预

教师较易发现学生的书写困难，因为低下的书写能力或难以辨认的字迹具有非常明显的视觉表现。教师必须检查学生的书写情况，并提供以下反馈，包括手和纸张的位置、字母大小、字母相互之间的大小比例、铅笔运笔的质量、字母的匀称性和倾斜度，字母的结构信息和组合、字母和单词的空白、草体字母的连写、书写速度。

"遮盖—默写—比较"的方法有助于书写困难的学生掌握字母的结构和培养自我评估能力。学生首先看一个字母或单词，接着用索引卡片遮盖住字母或单词，然后默写字母或单词，最后把自己的书写与原型作比较。学生还需把写错了的字母重新书写一遍。自我语言表达被证实为有效的字母结构教学方法（Graham，1983）。教师一边书面示范字母的书写方法，一边口头描述（字母"g"，从中间线开始，画一个圈，直接往下直到低于下面线一半的地方，往左弯成钩子），学生与教师同步练习边书写边说笔画，最后，学生独立练习边写字母边说笔画。为了提高书写的流畅性，学生可练习限时抄写同一篇短文，并且每次力图超过自己的最好成绩（Reis，1989）。Zaner-Bloser 量表提供了每分钟字母书写数量（lpm）的年级参考指标：1 年级—25 lpm，2 年级—30 lpm，3 年级—38 lpm，4 年级—45 lpm，5 年级—60 lpm，6 年级—67 lpm。

学生也可使用自我纠错的材料，如化学墨水与模板。化学墨水需要使用配套的特制钢笔及纸张。当学生的笔画超出了三格线时，墨水就会变色。同时，学生可以把自己的书写与模板作比较。在书写教学的后续阶段，教师可以创设更具功能性的书写教学，如要求学生给朋友写便条或书信，写出旅游景点的路线，写出朋友的名字和地址，书写照片说明，写求职书，填写账单。

针对幼儿与书写困难学生的写作方案有"第一笔"（First Strokes）、"铅笔皮特的书写"（Pencil Pete's Handwriting）、"字母王国"（Letterland）与"书写不流泪"（Handwriting without Tears）。这些方案包含激发学生兴趣的图画与需要多重感官参与的活动，以提高学生的书写能力。例如，"书写不流泪"方案运用多感官的游戏活动与游戏材料，如字母积木，用橡皮泥制作字母，运用四个基本笔画磁铁块（长线、短线、大曲线、小曲线）组合字母，音乐 CD 和石板。活动包括字母故事、想象性书写、神秘的字母游戏。

键盘输入教学

教授键盘输入技能是书写困难学生替代书写的可行方案。相比书写，用电脑输入进行书面表达更容易、更快速，也更易辨认。无论学生是否有书写困难的问题，所有学生都必须学习键盘输入以充分适应当今电脑时代的要求。

键盘输入教学通常在三四年级开始。正确位置的示范及反馈是键盘输入教学的重要内容。学生必须坐直，双脚平放在地面上，手指弯曲并与本位键平行，眼睛直视前方的屏幕。键盘输入需要记住字母键与频繁的练习。记住键盘的练习方法包括要求学生把相应的字母写在手指背后，或者制作有字母的手印剪纸。学生也可通过标记练习单上的键盘名称来练习。频繁练习是学生熟悉键盘的最佳方法。教师可以制作包含不同输入任务说明的索引卡。学生按两人一组轮流抽取索引卡，完成卡中的任务。例如，"一分钟内尽可能多地输入你的名字，要求盲打"，或者"输入你最喜欢的歌词"，或者"在三分钟内输入下面的短文（短文节选自学生喜欢的书籍或诗歌）"。

目前市面上有不少教授键盘输入的电脑程序，这些程序多采用丰富多彩的图画、动画、声音和音乐，富有趣味。当学生的键盘输入技能愈趋熟练后，电脑程序会提高难度，要求他们完成不同的和更具挑战的游戏。Jumpstart Typing 是其中有代表性的电脑程序。该程序制作了一系列模拟两组比赛的游戏（如玩滑板、滑雪、爬山）。准确与快速输入能帮助学生在体育比赛中获得高分和成功绕过障碍物。

拼写教学：一级

拼写是书面表达的必要技能。如果学生具有流畅的拼写能力，他们会更多地关注书写的清晰度、逻辑性与要点，而不是拼写方法（Okyere，Heron，& Goddard，1977）。相反，如果学生拼写困难，他对写作活动可能抱有更多的挫折感与抵触情绪。

传统的拼写教学运用语言学的方法，即基本拼写方案根据书面语言的音位与词法特征来排序与分组单词。每组的单词包含一系列的课程，关注音符联系、单词组合模式、同韵模式、元音变化模式、音节划分、查字典、同义词与单词用法（Heron，Okyere，& Miller，1999）。在传统的拼写教学活动中，学生一般在周一学习一组 10～20 个的单词，接着每天进行这些单词的拼写练习，最后周五进行单词听写考试。每周的基本拼写方案一般包括按字母顺序排列单词与音节划分练习、在字典中查找单词、运用所拼写单词造句、寻找单词或完成纵横填字游戏。基本拼写方案存在的问题是未能向某些学生提供充足的练习机会。因此，使用基本拼写方案的教师必须提供频繁与多样的练习机会来提高学生的积极回应。研究证实，同声回答、回答卡片、同伴教学与自我纠错是有效的教学策略，它们应该包含在一级拼写教学中。

同声回答。教师在每天的小练习中运用直接教学（示范、指导、测试）与同声回答的方式来教授单词拼写。例如，教师说："该我了——拼写 envelope，e-n-v-e-l-o-p-e。我们一起来——拼写 envelope……该你们了——拼写 envelope。"师生先齐声口头说出单词的拼写方式，再由学生齐声说一遍。

回应卡片。同声回答可以与用于拼写练习的回应卡片结合使用。学生根据教师的指导语（如拼写 watch），在白板上拼写出单词，当教师示意举起白板时，学生举起白板，以便让教师检查学生的拼写是否正确。教师应当鼓励学生互相检查与互相帮助。学生也可使用两面分别印有"对"与"错"字样的回应卡片，这是回应卡片的另一种使用方法。当教师出示单词时，请学生举起相应字样的卡片来判断单词是否拼写正确。

同伴教学。学生两人一组，轮流向对方提问并给予直接反馈。教师可以给学生安排个别化的单词练习任务，以适合学生不同的能力水平。学生每正确拼写一个单词，得两分。如果单词拼写错误，学生把单词正确书写三遍后，可以得一分（Greenwood et al.，2001）。教师在监控同伴教学时，也应对正确遵循活动流程、坚持做练习而没有分心、给对方提供适宜的反馈与表扬的学生给予额外加分。

自我纠错。在自我纠错方法中，学生将自己拼写错误的单词与正确的单词进行比较，并且正确书写单词。自我纠错被认为是有助于提高学生拼写成绩的最关键因素（Okyere et al.，1997）。教师要求学生听写一组单词，然后提供答案供学生自我检查。学生在每个拼写正确的单词旁画一个五角星，把拼写错误的单词重新正确拼写一遍。自我纠错也可为拼写能力弱的学生提供个别化的练习方案。教师为学生录制单词听写的录音带，并且提供提示让学生自我纠错。学生可以佩戴耳机进行独立的单词拼写练习与自我纠错。

当教师在决定选择用哪些单词做拼写练习时，首选具有相同拼写规则及学生写作中使用最频繁的单词。格雷厄姆、哈里斯、洛因阿肯（Graham, Harris, Loynachan, 1993）设计了基本拼写词汇表，该词汇表将 850 个单词按年级水平归类。该词汇表包含 1—5 年级学生书面表达中 80% 的常用单词。阅读火箭（Reading Rockets）网站可免费下载该词汇表：http://www.readingrockets.org/artical/22366。

拼写教学：二、三级

拼写错误通常因听觉分辨困难或者视觉记忆困难导致。有听觉分辨问题的学生因为无法区分声音之间的细微差别，可能使用错误的替代辅音与相近的元音。视觉记忆困难表现为组成单词的部分字母出现颠倒（the 写成 hte）、整个单词的字母顺序颠倒（man 写成 nam）、把非音标单词按语音拼写（was 写成 wuz）。学生可能难以记住与运用拼写规则。

音位意识教学可帮助听觉分辨困难学生。例如，让他们练习将单词划分成音节，并通过添加、移去、替换语音的方式来组成单词（如"单词 wide，如果把 /w/ 的音替换成 /s/，这个单词怎么读？"）。在二、三级的拼写教学中，教师为学生准备个别化的单词库，学生自己制定每周需学习的单词数量目标。个别化教学运用多重感官的方法（如一边念字母，一边描摹单词，一边操作字母卡片），强调拼写规则（根据规则拼写单词、将单词分类），限制每周教授的单词数量。以下是针对拼写困难学生的教学建议：抄写—遮盖—比较、语音视觉法、同步口头拼写法与霍恩法。

抄写—遮盖—比较（Graham & Miller，1979）。当教师念单词时，学生仔细看单词的拼写，接着抄写两遍单词，然后遮盖住单词来默写，最后把自己写的与标准写法进行比较，并做必要的改正。

语音视觉法（Schoolfield & Timberlake，1960）。该方法以语音为基础，强调听觉字母发音与常见视觉形象之间的联系（当学习字母 d 时，出示狗的图片）。单词图片提供了字母发音的视觉形象信息，可以用作辅音、元音的拼写学习。

同步口头拼写法（Gillingham & Stillman，1970）。该方法采用多重感官的方法教授字母与语音之间的联系。教师基于学生已经掌握的单词来有系统地选择需要学习的生词。同步口头拼写法强调语音组合、重复和练习。教师念一个单词，学生复述一遍，然后学生说出单词的语音，并且说出代表每个语音的字母。最后，学生一边说出每个字母一边写下单词。

霍恩法（Horn，1954）。该方法要求学生按照规定的步骤学习单词拼写：念出单词发音，观察单词的每个部分并且重复发音，口头拼写单词，边口头拼写单词边想象单词拼写的形象，写出单词，检查单词拼写正确与否。如果任何一个步骤出现错误，学生需要从第一步重新开始。该方法主要运用了个体的视觉记忆与记忆提取能力。

写作过程教学：一级

当学生的书写能力、键盘输入能力与拼写流畅性逐步提高时，他们应有机会在真实的写作任务中运用上述重要技能，从写单词开始，到句子，然后到段落。随着学生年级的升高，多样化与拓展性的写作教学对他们的学习与发展越来越重要。完成篇幅更长的写作任务，例如记叙文或说明文，要求学生掌握写作过程。写作过程包括以下步骤：计划、起草、修改、编辑与发表（Graves，1994）。在计划阶段，学生构想与组织思路。在起草阶段，学生把思路转化成句子与段落。在修改阶段，学生改进内容，关注流畅性，而不是关注语法错误。在编辑阶段，学生查找与改正语法错误、拼写错误。在发表阶段，学生关注润色后的作品的最终质量以及观察读者阅读作品后的反应（Alber-Morgan，Hessler，& Konrad，2007）。

作家工作室（Atwell，1987）。作家工作室常用在一级写作教学中，非常适用于多元能力的融合班级。作家工作室一方面鼓励学生的独立性与批判性思维，另一方面为不同能力的初始写作者提供了积极的支持环境。作家工作室具有如下基本特征：微型课堂（简短、明确地教授特定的写作要素），安排持续的写作时间以完成有意义的、多样化的写作任务，学生频繁的合作与分享，教师个别化的指导，反馈学生的表现，设定目标（Troia，Lin，Mornroe，& Cohen，2009）。在每天的写作时间段里，教师向全班学生直接讲授写作要素、文章结构、写作策略，学生在写作时直接运用所学技能。教师给每个学生分发一个文件夹，用于收集学生在不同阶段完成的作品。在教师主导的教学后，学生可以根据意愿选择独立、与同伴、与合作小组或者与成人完成写作任务。接下来将介绍有关写作教学与建构写作能力的活动。

计划与组织

在此阶段，学生确定个人感兴趣的主题，形成并组织与主题有关的个人观点，确定读者群与写作目的。教师运用可激发学生思维的图片、视频、文学作品与讨论来帮助学生联系个人的背景知识以及萌发写作灵感。以下的活动不仅可激发学生的兴趣，而且可激励学生完成富有个人意义的写作。

图片。向学生呈现一幅有趣的图片（照片、绘画、视频），引导学生讨论看到图片后的感受，让学生思考与交谈图片如何引发其回忆个人经历，邀请学生想出与图片有关的系列词汇，激发学生围绕图片造句，鼓励学生根据对图片的观察来进行生动的描绘。学生所造的句子可用于班级故事的写作。在练习结束后，学生根据该图片找到写作灵感，或者选择另外的图片来进行故事构思。

故事引子。故事引子是为激发学生书面表达的兴趣而特意选择的短语或句子。故事引子如果与学生的背景知识和兴趣有关，将会极大地激发学生的写作热情。例如，许多居住在南加州海岸的学生可能都去过海边，因此"某天在海滩……"就为适宜的故事引子。如果学生从未到过海滩，那么他们将难以完成与此相关的写作任务。如果学生对故事引子没有兴趣，那么教师应给予他们其他的选择机会。教师通过组织学生讨论与主题有关的经历来帮助学生将故事引子与个人的背景知识发生关联。

视觉想象。视觉想象可帮助学生想象细节描写。让学生闭上双眼，想象曾经经历过的某个场景（例如下雪天在车站等公交车、大风天放风筝、秋天在树林散步、在闷热的八月去逛游乐园），引导学生想象他们的所看、所听、所闻、所感。当他们睁开眼睛后，教师引领学生把他们的视觉想象转化成描述性句子。"房子的第一记忆"（Marchisan & Alber，2001）即为激发学生背景知识的视觉想象练习。教师请学生闭上眼睛，想象难忘的某件事情的发生地，即某个房间。当学生闭上眼睛时，教师口头引领学生想象房间的样子、房间里的声音和气味、房间里的人（人的语言、穿着与行为）。学生睁开眼睛后，他们就自己的相关记忆进行讨论，遣词造句，绘制难忘事件的图片，记下写作思路，最后撰写故事。

文学作品。文学作品不仅可激发学生的写作思路，而且提供了多种写作类型、体裁与写作意图的良好范例（Mason & Graham，2008）。当介绍一种不同的写作体裁时，教师应指出关键要素，安排练习指导学生确认这些关键因素如何体现在其他作品中，让学生把关键因素应用于自己的写作中。例如，教师提供了说明文文章建构的范例。第一段包含吸引读者注意力的语句、有关主题重要性的阐述、文章的主要观点。后续的每个段落都包含一个主要观点，并且为文章的主题提供细节支持。结尾段落总结文章的主要观点。当学生阅读或者听完每篇说明文后，教师明确指出每篇文章的常用结构，并且鼓励学生模仿该结构进行写作。

对于记叙文，教师则可以安排学生阅读多种故事，让学生确认以下关键要素：人物、地点、问题、动作、情绪、高潮与结果。当学生构思自己的写作时，教师指导他们围绕每个关键要素去思考并且融入具体的写作。文学作品也可启发写作灵感。例如，在阅读小说《四年级的无聊事》（*Tales of a Fourth Grade Nothing*）（Blume，1972）后，教师引领学生思考自己与兄弟姐妹的生活经历是否与故事中的儿童相似。学生在阅读文学作品后可参与以下写作活动：

- 编写一个不一样的小说结尾。
- 分析你最喜欢或最不喜欢的人物。
- 描写与故事主人公相似的个人经历。
- 描述两本小说的异同点。
- 阐述自己对故事的意义或启示的理解。
- 运用相同的人物创作一个不同的故事。
- 带领学生阅读引发不同情绪体验的文章，讨论作者运用词汇来传达特定情绪的写作方法，安排学生运用相同的技能来进行文章写作。

头脑风暴。当学生选择了个人感兴趣的主题后，后续的就是进行头脑风暴以收集尽可能多的想法。教师向学生解释头脑风暴就是不加判断地、尽可能多地写下有关主题的事实，以此激发好的写作灵感。教师先示范头脑风暴的方法，选择一个主题（例如"狗为什么是最好的宠物"），让学生围绕主题表达想法（总是很高兴看到主人，忠诚，好的陪伴者，玩把戏，逗人笑，取报纸，喜欢玩飞碟游戏，看守房子，等等）。在列出清单后，教师示范和指导学生从中选择最重要的条目，划掉不合适的条目，并且根据重要程度将信息排序。在教师示范头脑风暴与整理的方法后，学生两人一组或分小组练习头脑风暴，整理自选的主题。

图表。学生运用图表将头脑风暴收集而来的想法整理出类别与顺序。图表采用视觉表征的方式呈现了概念之间的关系，可以为后续的作文草稿提供指导。

学生可将图表当成记叙文（图 3.4）或说明文的计划向导。下例介绍了如何在不同类型写作时运用图表进行计划与整理：图 3.1（比较／对照），图 3.2（观点汇总），图 3.3（描述性写作）。

图 3.1　比较／对照图表（韦恩图）

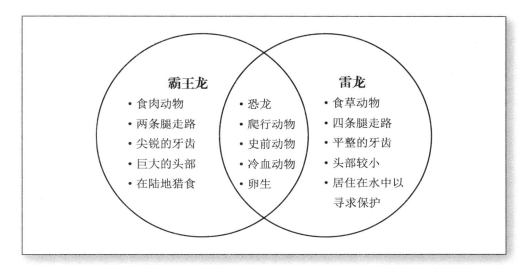

图 3.2　观点汇总的图表实例

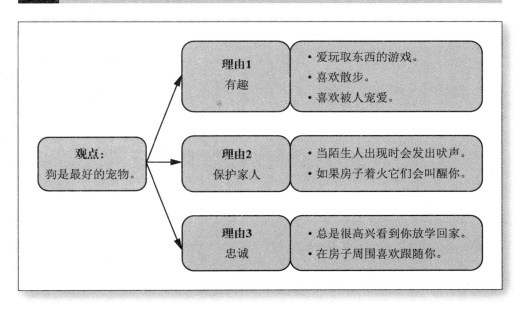

图 3.3 描述性写作的图表

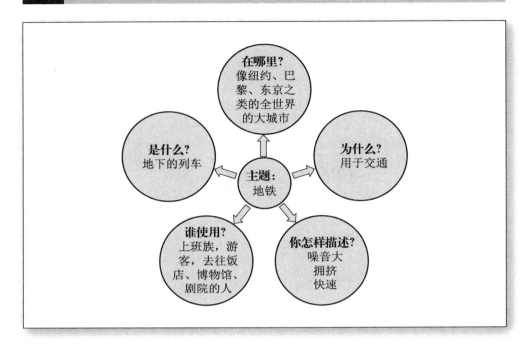

合作计划。学生可以结伴或者分小组选择有意义的主题，开展头脑风暴，完成图表，以及合作完成写作。以下实例为学生合作完成不同类型写作的计划。对于议论文，王、布特勒、菲克兹乐、库佩里斯（Wong，Butler，Ficzere & Kuperis 1996）建议安排学生两人一组，每个学生选择议题（如着装规定）的不同观点。学生在计划单上写下支持该观点的理由，并与同伴讨论。在讨论时，要求学生进一步解释、澄清、阐述自己的观点。布特勒、菲克兹乐、库佩里斯（1997）运用相同的程序来指导学生写作比较—对照文章。学生两人一组，选择某个主题（如音乐会）与该主题下的两个类别以作比较与对照（如摇滚音乐会 V.S. 学校音乐会）。学生采用头脑风暴法来收集讨论的维度（目标、内容、穿着、行为）。针对每个维度，学生列出两个类别的特征，并且指出两者之间的异同点。

起草

在写作起草阶段，学生将构思转换成句子和段落。学生在起草的早期阶段不必担心语法与拼写方面的错误，因为这有可能影响写作思路与写作质量。教师应该清楚内容对于写作的至关重要性，学生会在后续的时间里回过头来改正这些错误。为了教学生打草稿的能力，教师应给予亲自示范，并在学生独立工作之前安排教师指导下的练习。

教师应使用图表记录纸或投影仪来示范将写作构思转换成文字的方法。图3.1应用比较—对照图表对两种恐龙的异同进行了归纳整理。教师可使用类似的图表，指导学生如何形成句子。例如，"请看我们比较霸王龙与雷龙异同点的韦恩图，想想文章的第一句话该怎样说，才能指引读者了解我们写作的主题。"教师邀请一位学生回答："霸王龙与雷龙具有许多相同点与不同点。"教师给予反馈，并把句子写在记录纸上，然后继续指导学生根据图表想出其他的句子（"雷龙与霸王龙虽然都是体型巨大、胃口硕大的爬行动物，但是雷龙是食草动物而霸王龙是食肉动物。"）在这个练习结束后，学生练习使用自己的图表来造句。他们可独立、结伴或者分组练习。如前所述，学生以合作的方式计划与组织写作灵感，他们亦可合作起草。结伴学习的学生可并肩坐在电脑前，轮流根据他们的构思写出句子。实践证明合作写作可提高书面表达的质量与数量，对于低成就学生而言尤为如此（MacArthur，2009）。

写作流畅性是起草阶段的重要议题。对于写作流畅的学生来说，起草工作比较轻松容易。为了提高写作的流畅性，学生应该每天以及在所有课程的学习中频繁参与写作活动。例如，学生写作针对课文阅读材料的短小文章，如不同课程领域的阅读材料的摘要、数学的文字题、故事或影片的评论、科学与社会研究单元的测试题目、问题解决或游戏说明、图片说明、两个历史人物的对话。此外，学生可自选或者根据教师指定的主题写作短小的日记。提高写作流畅性的另一个方法是重复写作，这类似于重复阅读。学生在一分钟至三分钟的时间里把同一篇文章重复写作两到三遍。在每个限定的时间段里，学生力图提高每分钟写作的单词数量。

单词库是提高起草阶段写作流畅性的有效工具。教师和学生可以开发不同的单词库，单词库可以根据学生的写作需要做个别化处理，并且放入学生个人的写作文件夹中。全班学生也可以根据特定的写作活动在黑板上创建单词库（"在你写作万圣节故事前，我们先在黑板上写出一些与万圣节有关的单词。"）帮助学生起草文章的单词系列：形容词与副词、动词、连接词或短语、易拼写错误的单词、自选单词。

修改 / 编辑

在修改阶段，学生批判性地检查自己的作品，以寻求表达清晰、完整与流畅。在修改后，学生开始进入编辑阶段，此时焦点为纠正语法与拼写错误。学生需要明白修改与编辑乃写作的有机组成部分，并且能有效提高写作质量。一级的修改与编辑教学包括错误监控检核单、同伴编辑、微型课程。

错误监控检核单。修改与编辑工作对于学生而言任务繁重，因此他们每次只能关注有限的几个技能。学生将个别化的修改 / 编辑检核单放在文件夹中，以便自我更正错误。例如，低成就学生的检核清单可以包含以下条目：（1）写好姓名；（2）第一句话开门见山地表达主题；（3）每句话的第一个字母大写。当学生逐渐掌握较为容易的编辑技能后，再把其他项目逐渐加入检核单。例如（1）专有名词第一个字母大写；（2）每句话的结尾标点使用正确；（3）人称代词与动词形态使用正确；（4）单词拼写正确。

同伴编辑。同伴编辑策略可极为有效地提高写作的流畅性与写作动机。学生结伴阅读或聆听对方写作的故事，说出他们最喜欢对方作品的哪些方面，提出问题以要求对方澄清，提供建议以及编辑语法与拼写错误。图 3.4 为同伴修改表。学生根据表中的每个条目逐一检查，并给予对方回馈。在开展同伴编辑活动之前，教师应通过示范、角色扮演、练习给予与接收反馈的规则来帮助学生理解活动要求。例如，让学生练习仔细聆听、以积极的方式沟通以及有礼貌地接收反馈。

微型课程。作家工作室的关键环节之一为采用微型课程教授编辑技能。在微型课程中，教师在分析学生写作错误的基础上直接教授写作要素。例如，在检查完学生的作品后，教师意识到绝大部分学生需要学习直接引语正确加标点的方法。她从学生的作品中摘取句子，并书写在黑板上，然后示范与演示如何更正，学生在各自的回答板上练习。微型课程可用于教授系列的修改与编辑技能。教师把有多种语法与拼写错误的句子写在黑板上，要求学生修改错误的句子，然后再检查一遍修改之处，以此方式提供每天的编辑与修改练习。当学生的编辑能力越来越熟练后，可逐渐提高错误的难度。

图 3.4　同伴修改表格实例

作者注意事项	同伴修改者注意事项
题目＿＿＿＿＿＿＿＿＿＿＿	题目＿＿＿＿＿＿＿＿＿＿＿
作者＿＿＿＿＿＿＿＿＿＿＿	作者＿＿＿＿＿＿＿＿＿＿＿
修订者＿＿＿＿＿＿＿＿＿＿	修改者＿＿＿＿＿＿＿＿＿＿
作者注意事项：	修改者注意事项：
1. 向同伴大声朗读你的作品。	1. 当作者大声朗读时要仔细聆听与跟紧进度。
2. 仔细聆听同伴的反馈。	2. 思考你喜欢对方作品的哪些方面以及可能的改进之处。
3. 有礼貌地接收来自同伴的反馈，如有疑问请提问以确认理解了对方的意思。	3. 至少说出喜欢其作品的两点理由。
4. 把你可能采纳的建议写下来。	4. 说出一条改进其作品的建议。
5. 表示感谢。	5. 表示感谢。
作者笔记：	修改者笔记：
拟采取的修改：	我喜欢：
＿＿＿＿＿＿＿＿＿＿＿＿＿	＿＿＿＿＿＿＿＿＿＿＿＿＿
＿＿＿＿＿＿＿＿＿＿＿＿＿	＿＿＿＿＿＿＿＿＿＿＿＿＿
＿＿＿＿＿＿＿＿＿＿＿＿＿	＿＿＿＿＿＿＿＿＿＿＿＿＿
＿＿＿＿＿＿＿＿＿＿＿＿＿	一条建议：
＿＿＿＿＿＿＿＿＿＿＿＿＿	＿＿＿＿＿＿＿＿＿＿＿＿＿
＿＿＿＿＿＿＿＿＿＿＿＿＿	＿＿＿＿＿＿＿＿＿＿＿＿＿

　　句子修改。教师可应用下面的练习活动来帮助学生修改句子。教师从儿童文学作品中摘取有趣的句子，如"海马先生缓缓漂移在海水中，路过躲藏在芦

苇中的箭柄鱼群"（Carle，2004，P4～5），然后指导学生找出句子之所以生动有趣的原因（生动的描写、动词、押韵或者句子结构）。然后，呈现一个简短、无趣的句子（"女孩离开了公园。"）。与学生讨论这句话因为缺乏足够的描述因此显得无趣，然后示范如何使句子变得生动有趣，如增加副词、动词与细节描写（"神经兮兮的女孩匆忙逃离了这个荒废已久、恶臭无比的街心公园。"）。学生把句子书写在回答板上，并与全班分享重新润色的句子，以此练习如何详细描写。

学生还可以在故事背景下练习描写句子。提供一些无趣但呈序列的句子（例如：1. 我有一只狗；2. 他长跳蚤；3. 我兄弟给狗洗澡；4. 狗试图逃走，等等），念给全班听，引导全班学生讨论如何使这个故事变得更加生动有趣，然后分给每个学生或每对学生一句话去做修改。在学生改完后，教师念到哪个句子的序号，就由负责该句的学生念出修改后的句子。（第1句："我养了一只非常友善的大狗，他喜欢在泥地里打滚。"第2句："跳蚤咬得他奇痒难耐。"）与全班讨论新修改的故事与原来的故事有哪些不同。

发表

写作的终点为发表，即与他人分享作品。在此阶段，学生重点关注作品的润色以及享受当作者的自豪。作品发表可赋予写作真实的意义，切实提高记叙文与说明文的写作质量，激励学生的写作热情，具有良好的教学成效（MacArthur，Graham，Schwartz，& Schafer，1995）。将作品张贴在公告栏里是最通用、简便的发表学生作品的方法。教师也可通过班级报纸、通讯或网站发表学生的作品。"作者席位"是另一种发表方式，即学生向全班同学朗读自己的作品。学生亦可创编复印本或电子书籍。

写作过程教学：二、三级

上述的众多写作教学方法也适用于小组或个别学生的密集补充教学，以满足他们在计划、起草、修改与编辑方面的学习需要。例如，教师在向全班讲授完某个技能（如使用句号）的微型课程后，向需要额外帮助的一组学生提供补充教学与教师指导下的练习。教师可通过商讨与共同写作的方式提供个别支持。在个别讨论中，教师倾听并提供支持，鼓励与提供建设性的批评意见。讨论适用于写作的各个阶段，如写作思路形成阶段、计划阶段、写作阶段、修改与编辑阶段（Mason & Graham，2008）。通过质疑提问，教师可以帮助学生更深入地理解写作过程。

合作写作可为写作初始阶段与后续的写作过程提供支持。当学生愈趋独立时，教师的帮助应逐渐隐退，此即支架。在合作写作中，师生并肩坐在电脑前。开始的时候，教师先把学生所说的句子输入电脑，接着当学生准备好了后，再让学生自己输入句子。教师输入故事的开端与中间，再由学生输入故事的结尾，通过这种方式师生合作完成故事的写作。逐渐地由学生负责整个故事的写作，与此同时逐渐减少教师的支持与指导。合作写作策略也可帮助学生修改与编辑自己的作品。教师指导学生判断句子的表达是否清晰、重要细节是否得到描绘，以及监控语法与拼写错误。

对于书面表达困难的学生，可购置市面上的直接教学（DI，direct instruction）写作方案（例如 Expressive Writing，Language for Learning）。DI 写作方案采用与 DI 阅读教学相同的示范、带领与测试的教学程序。例如，Expressive Writing（Engelmann & Silbert，1983）提供了句子写作、段落写作、修改与编辑的系列教学，包括频繁的练习与复习。学生先学习与写作有关的预备技能，然后再将其运用到新的任务中。该方案的重要特征是系统的教学、频繁的练习，以及语法、惯例与标点符号的频繁复习。

摘要策略。摘要写作练习被证实可以有效提高阅读理解与写作能力（Graham & Perin，2007）。GIST 策略[①]（Rhoder，2002）是教会学生写摘要的好方法。学生阅读完一篇文章后，回答有关人物、事件、时间、地点、理由与方法等问题，然

---

① GIST 策略为 generating interaction between schema and text 策略的缩写，即概要与原文互动法。——译者注

后学生压缩上述信息，使句子中包含的单词少于 20 个。教师应鼓励学生多次修改，反复推敲，选中最准确的 20 个单词组成摘要。

创建故事板也是帮助学生学习写摘要的另一种活动（DiSpirt，2008）。要求学生把一张纸先沿着长边对折，然后再三等分，形成六个方格。每个方格代表阅读材料的一个部分。要求学生从 1 到 6 标注每个方格的序号。在阅读完一篇文章后，请学生在第一个方格中写一句话代表文章的开头，然后在最后一个方格中写一句话代表文章的结尾。学生独立或分组填写其他方格里的句子。完成该图表后，学生将方格中的句子用于摘要写作，并在小组或大组中分享其摘要内容。

写作策略

明确的写作策略教学可促进学生自我调控写作过程（Baker，Gersten，& Graham，2003）。策略教学包含了自我调控程序，以增进学生工作的独立性。记忆术之类的方法可帮助提醒学生确认写作任务的每个步骤。例如 DEFENDS（Ellis & Friend，1991）为议论文写作的记忆术策略。步骤如下：决定你的明确立场（Decide），检查支持你立场的理由（Examine），形成解释每个理由的观点（Form），第一句话表明你的立场（Expose），留意支持你观点的每个理由（Note），最后一句话充分表达你的立场（Drive），检查错误并纠正（Search）。

教师运用自我调整策略发展模式（SRSD，Self-Regulated Strategy Development；Graham & Harris，2005）来教会学生使用某个写作策略（如 DEFENDS）。对 SRSD 的二十多年的研究证实，该模式能有效帮助小学阶段与中学阶段的写作困难学生，包括学习障碍学生、智力障碍学生、英语作为第二语言的学生（Graves & Rueda，2009）。格雷厄姆与哈里斯（Graham，Harris，2005）提出了 SRSD 的实施策略：

1. 培养与激发相关的背景知识。学生阅读那些与即将写作的文章类型相同的文章，教师确保学生具备学习该策略相关的预备技能（如知道故事的组成要素）。

2. 讨论策略。教师描述策略及其作用，讨论该策略的使用方法与时间，激发学生投入策略学习的决心。

3. 示范策略。教师示范，运用大声思维的程序描述策略的每个步骤。

4. 记住策略。学生记住策略的步骤，使用提示卡辅助自学。

5. 支持学生运用策略。教师与学生合作使用策略来写作或编辑作文。开始的时候，教师提供较多的支持、提示与指导。随着学生运用策略愈趋熟练，教师逐渐减少支持直到学生可独立运用策略。

6. 学生独立运用策略。如有需要时教师给予必要支持。在此阶段有必要设计促进迁移该策略的教学活动。

我们还可以找到许多有助于学生完成不同写作目标的自我调控策略。根据个别学生的需要以及策略跨情景的运用程度来选择适宜的学习策略。教师在示范策略的使用与指导学生练习时，应使用清晰简洁的语言，根据个体差异调整策略，将策略运用在富有个人意义的写作主题中。此外，学生需要频繁的教师指导下的练习与独立练习来运用策略。表 3.1 呈现了写作策略实例。

表 3.1　写作策略	
策略	记忆术步骤
PLEASE（Welch，1992）段落写作	选择（Pick）主题、读者、段落类型（如比较／对照）。 罗列（List）与主题相关的信息。 评估（Evaluate）所列清单是否完整以及决定排列顺序。 采用主题句启动（Activate）写作。 运用清单中的项目来提供支持（Supply）或详细阐述语句。 段落结尾（End）采用强有力的结论。
WWW，What-2，How-2（Graham & Harrris，1992）记叙文写作	WWW：谁（主要人物），时间（何时发生），地点（何处发生） What-2: 什么（主要人物想做什么），什么（当他正做时发生了什么） How-2: 怎样（怎样结尾），怎样（主要人物的感受怎样）
C-SPACE（Graham & Harrris，1992）记叙文写作	人物（Character）、场景（Setting）、问题（Problem）、行为（Actions）、结论（Conclusion）、情绪（Emotion）

续表

策略	记忆术步骤
TREE（Graham & Harrris，1998） 议论文写作	主题句（Topic） 支持观点的理由（Reason） 检查（Examine）理由是否充分 结尾（Ending）
STOP-DARE（De La Paz & Graham，1992） 议论文写作	搁置（Suspend）判断　　　　形成（Develop）主题句 选择（Take）某一方　　　　增加（Add）支持性观点 组织（Organize）观点　　　　拒绝（Reject）反方可能的争论 尽可能多搜集（Plan）论据　以结论收尾（End）
TOWER（Schumaker，2003） 说明文	考虑（Think）内容 排序（Order）主题与细节 写（Write）草稿，检查错误（Errors） 修改（Revise）与重写（Rewrite）
SCORE A（Korinek & Bulls，1996） 说明文写作	选择（Select）主题 创建（Creat）类别 获取（Obtain）参考资料 阅读（Read）与做笔记 用摘要卡按照一致（Evenly）的方式整理信息 运用（Apply）写作过程
COPS（Schumaker et al，1985） 编辑	大写（Capitalization） 整体感觉（Overall appearance） 标点（Punctuation） 拼写（Spelling）
CDO（Graham，1997） 修改	比较（Compare）——句子是否表达了我的意思？ 诊断（Diagnose）——从诊断卡中选择问题类型（如缺乏细节） 操作（Operate）——句子重写后，效果如何？从段落的层次反复评估

策略	记忆术步骤
SEARCH（Ellis & Friend，1991） 修改与编辑	确定（Set）目标 检查（Examine）文章是否围绕主题来写 自问（Ask）自答是否表达了自己的想法 修改（Reveal）偶发的错误 整洁誊写（Copy） 最后再检查一遍错误（Have）

写作的计算机技术：一级

研究显示，学生使用计算机技术写作时，其作品的篇幅与质量均有显著提高（Goldberg，Russell，& Cook，2003；Graham & Perin，2007）。此外，运用拼写与语法检查程序可提高修改质量、减少错误以及改善写作态度（Sturm，Rankin，Beukelman，& Schultz-Muehling，1997）。拼写与语法检查程序给学生带来了便利，文章可多次修改而省去反复抄写的繁琐，纠正错误而不会出现脏兮兮的擦除痕迹，可输出干净整洁的打印稿（MacArthur）。

交互式电子白板最适合全班的写作教学。交互式电子白板通过投影仪将电脑桌面的信息投射到白板上。白板的功能相当于大的触摸屏。教师使用电子笔或手指来操纵屏幕上的文字与图表。白板屏幕上的任何操作都能被电脑保存与调整。交互式电子白板可演示运用计算机写作与编辑的方法（键盘输入、编排版面、粘贴、使用拼写检查工具、保存文本、使用百科全书词典及字典），它也可用于示范写作过程与指导学生的写作过程。例如，在计划阶段，教师使用交互式电子白板创建头脑风暴清单，完成图表。教师可演示从写作计划转换为句子、修改内容、编辑语法与拼写错误等的方法。交互式电子白板也可用于教会学生如何进行互联网搜索以及演示软件使用的方法。例如，REfworks（ProQuest）和 EndNote（Thompson ResearchSoft，2008）之类的软件程序可帮助学生收集与编排文献资料，以及创建参考书目。

白板可演示如何运用多媒体技术整合绘画工具、视频和声音。这类程序可有效激发学生的写作热情。对于那些较为缺乏背景知识、来自多元文化或多元语言的学生而言，这些程序尤为有用。此外，来自多元文化的学生可以借助多媒体程序选择具有个人意义的视觉图像与声音。

"惊奇的书写机器"（Amazing Writing Machine，Riverdeep Inc.）是指导写作过程的多媒体程序。程序从"项目选择"开始，即学生从五个项目（短文、书信、故事、诗歌、日记）中选择一个准备学习的项目。接着学生决定是从以前的草稿开始写作还是对已有作品进行编辑以及修改以前的写作大纲。该程序还设有"聪明的点子"（指导学生进行头脑风暴与产生新思路）、"Infosaurus"（找单词）、"阅读者机器人"（有八种嗓音供选择，将故事读给学生听）、"配置图片"（提供绘画、涂色、橡皮图章、剪贴画），"发表"（用多种方式打印故事，包括折叠书籍）。Kids Media Magic 与 Storybook Weaver 是类似的多媒体写作程序。

写作的计算机技术：二、三级

计算机技术向需要强化教学的学生提供多种水平的支持。现在许多程序都设有单词预测软件、文本转化语音、语音转化文本等工具，可帮助学生在写作过程中得到计划、组织与修改方面的帮助。

计划与组织软件可提醒学生特定的信息或者呈现一系列与故事写作有关的需回答的提示。Inspiration（针对6—12年级）与Kidspiration（针对学前班—5年级）程序可帮助学生创建语义图并自动将其转换成大纲。其他类似功能的程序有Kid Pix（Riverdeep Inc.）、Storybook Weaver（Riverdeep Inc.）、Draft: Bulider（Don Johnston Inc.）。

包含单词预测与单词库的程序对写作困难学生的帮助尤为显著。例如，每当输入一个字母，Co:Writer4000（Don Johnston Inc.）程序就会把具有相同开头字母的一系列单词显示在屏幕上，学生可以从中选择合意的单词。这个程序还包含语音合成功能，学生可以听到所选单词的语音，以此判断是否为自己合意的单词。Word Q Writing Aid Software（Quillsoft）与 Kid Works 2（Riverdeep Inc.）也是具备语音合成功能的单词预测软件。

文本转化语音技术将书面语言转换成语音，这样学生可以听到自己所写的作品，从而更易评价写作的正确性（MacArthur，1996），学生也更容易发现想表达的内容与自己写下的内容之间的差距。Write Outloud（Riverdeep Inc.）、Read and Write Gold（Brighteye Technology）都是文本转化语音的写作程序。这两个程序都包含文本转化语音、语义转化文本、单词预测的功能。

语音识别程序，即电脑将麦克风输入的语音转化成文字，这也可用于学生的写作。语音转化文本的程序非常适合有严重动作问题或者书面表达问题的学生使用。虽然每个程序需要对特定语音进行调试，但是一旦调试完毕，这些软件记录正确单词的准确性较为可靠。类似软件包括 Dragon NaturallySpeaking（Nuace）、Windows Vista Speech Recognition、IBM ViaVoice 10 Standard、MacSpeech Dictate。计算机技术可为融合班级提供多种水平的支持。

小结

高水平的写作能力将开启丰富人生的机会之门。写作不仅被视为学习与交流的至关重要的工具，而且还被视为人类创造性的体现。太多的学生因写作困难而畏惧写作，然而，多层次的、被证实有效的教学能激励有过写作失败经历的学生，并且促使他们获得成功。真实的、具有个人意义的写作任务最能激发学生的写作热情。学生必须具备充足的书写、键盘输入与拼写的能力，方能将注意力聚焦在写作思路上。抄写能力的一级教学包括直接教学、频繁的主动回应及特定的反馈。多重感官教学、自我纠错、额外练习可有效帮助需要强化教学的学生。

除了书写、键盘输入与拼写的能力，学生也需要具备计划、组织与写作不同类型作文的能力。写作过程教学被研究证明可有效提高学生的写作质量与流畅性。作家工作室提供了教授写作过程的灵活的、差异化的一级教学。在作家工作室模式中，学生独立或与同伴写作多种类型的作文。作家工作室鼓励学生做选择、参与具有个人意义的写作、建立个人的写作目标。二、三级的写作过程补充教学应包括写作策略的直接教学，因为写作策略可有效提高写作困难学生的写作质量。在策略教学中，学生需要记住特定类型写作的记忆术（如针对议论文的 DEFENDS）。记忆术中的每个字母代表特定的写作步骤。教师运用自我调控策略发展模式来教授学生不同的写作策略。在写作过程教学中，不同水平的学生均能从计算机技术的灵活性与提供的支持中获益。例如，教师运用交互式电子白板提供一级教学。此外，计算机技术不仅可以向肢体障碍、智力障碍与学习障碍的学生提供多样的支持（如语音识别、单词预测），而且也可以为普通学生与超常学生提供有力的支持（如多媒体写作程序）。

卡门

卡门翻阅自己的写作文件夹，考虑继续写作哪个故事。她整理了不同的写作大纲与草稿，直到最后发现了这篇写了个开头的"甜蜜的岛屿湿地"故事。因为老师今天将要教她学习如何修改，她对此感到非常兴奋。

布莱克先生问："你选好了今天要写的故事了吗？"

"是的。故事叫'甜蜜的岛屿湿地'。"

"哦，这是个好主意。读来听听你目前写了哪些？"

卡门开始朗读。"去年夏天我去了路易斯安那州的堂兄家，我们一起乘船去了一趟湿地。我们看到了许多酷酷的植物与动物，但这些都不是最酷的事情。开船的人发出响声召唤短吻鳄，接着就有五条小短吻鳄来到船边吃软糖。堂兄告诉我有些人认为大脚野人住在甜蜜的岛屿湿地里，但是大脚野人并不存在。"

"这个开头不错，"布莱克先生说，"你要做的就是让读者更清楚你的经历。你会怎样做呢？"

"描述更多的我所看到的和听到的？"卡门回答。

"很好，说说你打算在故事里加入哪些内容？"

"比如，水中的树木有着非常粗壮的底部树干，我们可以听到各种各样的鸟叫声与虫鸣声，还有，"卡门回忆起重要的事情，"天气非常……非常……非常……炎热！"

"这些都是可添加的重要细节，非常好。"布莱克先生提示卡门赶快写下这些细节，这样她在写作这个故事时还会记得添加。布莱克先生还帮助卡门修改其中的一句话，以示范修改的方法。

"卡门，"布莱克先生说，"我们看看这句话'接着五条小短吻鳄来到船边吃软糖'，小短吻鳄是怎样来到船边的？"

"它们没有溅起水花，而是平稳地移动过来，它们也没有扭动脚掌，而是保持伸直。"

"好，那它们怎样吃软糖？"

教师通过提问来帮助卡门详细描述细节，卡门从而理解了如何将故事修改得更完善。她自豪地把修改后的短吻鳄句子读给布莱克先生听。

"五条小短吻鳄只露出头部、张着嘴向着船平滑地游过来。当导游向水中扔软糖时，软糖漂浮进短吻鳄的嘴里，短吻鳄慢慢地闭紧嘴巴。"在布莱克先生给予积极的反馈与鼓励后，卡门接着继续修改故事直到下课铃响了。

第二编

数　学

第四章
数学差异教学与干预—反应模式 ①　　　威廉·N·本德

本 章的内容如下：

- 直接教学的课堂教学设计
- 猜测、评估与拽出的教学策略
- 猜测、评估与拽出的教学结果
- 数学的干预—反应模式

数学差异教学与干预—反应模式：数学教学的再反思

我们在前面章节讨论过差异教学远不止关注多元智力的有效教学实践。其实，差异教学代表着整个小学阶段数学教学方法的急剧变革。在重新反思数学教学的同时，全美近年掀起了一场重视用文件记录学生对干预—反应的运动（Bender & Shores，2007；Bryant et al.，2008）。这两项教育改革都关注教师如何针对当前的多元课堂设计与实施数学课程。本章首先关注学生多样化如何影响了数学课程实施，然后介绍全美范围的干预—反应模式如何影响数学差异教学。

教师如果想尝试创建差异化的数学课堂，必须从课堂教学设计开始着手。20 世纪 70 年代、冠之以"有效学校"的系列研究是过去三十年里教学设计的

① 本文选自威廉·N·本德著：*Differentiating Math Instruction: Strategies That Work for K-8 Classrooms*，2E，科文书社。

高度结构化的直接教学课堂在学生人数较少以及学生学习差异较小的情况下才有可能实施。

基础（Bender，1996）。该研究还被称之为"直接教学"、"掌握学习"与"有效教学行为"等。上述教育研究的共同特征是：为使教学时间与学生学习时间最大化而精心设计课堂教学（参见 Bender，1996，有关有效教学行为与直接教学的讨论）。在直接教学的某些实例里，教师使用现成准备好的教案，只需遵照现成教案实施教学即可（Bender，1996）。

为了方便对比参照，我们使用直接教学一词指代上述类型的教学方法。时至今日，我们有关教学设计，甚至我们对数学教学的思维方法仍然根植于上述研究，而且大部分教师使用的大部分数学课程的教学手册，也是采用直接教学的方法而编写的。

为了理解直接教学，我们必须考虑其研究发生的背景。20 世纪 60 年代与 70 年代的研究必定是以当时公立学校最常见的班级类型与学生类型为对象的。例如，在 20 世纪 70 年代早期，5 年级的教师会理所当然地认为班级里大部分学生的阅读与数学成就在 3 年级与 7 年级之间。换而言之，即使班级内学生的数学或阅读能力有一些差异，这种班级内的学习差异仍比较小。在大部分有效学校研究中，作为研究对象的班级，其选取的时间早于 94-142 公法（《残障儿童教育法》，后修订为《残疾人教育法》）完全实施的时间，因此，许多有特殊需要的学生被排除在该研究之外。

与此相对照，当前 5 年级学生的阅读与数学成就水平很有可能在 1 年级与 10—11 年级之间。美国政府承诺所有学生都应接受教育，当今的教师每天面对

因为当前的数学课程采用直接教学方式进行课堂教学设计，因此我们的任务是要把课堂模式调整成具有差异化的教学活动。

该承诺之下的教育现实。因此，我们不难看出，20 世纪 70 年代的班级内学习差异较小，而当前 21 世纪典型的班级内学习差异相比则大得多。当前班级中学生学习能力之间的差距有了显著增长，而教育工作者尚未真正意识到教师应该如何开展数学教育以适应学生的学习差异，尽管此时人们已经根据新

兴的、与大脑相适宜的教学研究提出了相关的教学建议（Sousa，2008）。其实，全美数学咨询专家小组（National Mathematics Advisory Panel）及其随后的报告（2008）可被看成或者部分看成是促使教师关注更为有效的数学教学设计的新举措。

当前，现代数学课程运用直接教学的教学阶段精心编写了教案。教师的教学手册总会出现直接教学的身影。如果当前班级内学生的数学能力差异有了变化，我们现在就应该调整思维，考虑如何建构数学课堂以及如何设计教学活动以适应学生差异较大的现状。汤姆林森（Tomlinson，1999）关于差异课堂的研究与实践代表着数学教学的急剧变革。本章将探讨数学教学的这场变革，以协助教师掌握真正的差异化课程设计。

因此，数学课堂教学设计指教师尝试向班级内不同的学生小组设计活动，既包括不需要接受传统直接教学的学生，也包括需要其他教学形式的学生。

直接教学的课堂教学阶段

传统的直接教学课堂包含一组典型的教学阶段，最初又被称为直接教学步骤。20 世纪 70 年代的有效学校研究多次提及了直接教学所包含的学习阶段，这仍是当前学校采纳的典型教学设计步骤（Bender，1996）。下表将介绍直接教学的通用步骤以及每个步骤包含的教学活动类型。不同的数学课程可能采用不同的术语（例如有些数学课程使用"启发学生的理解"，而另一些课程使用"教学导入"），教师在过去三十年里主要依据直接教学阶段来进行教学设计。

直接教学的教学形式具有如下初始及基本的假设：所有学生跟随教学活动的主线，这种教学顺序能有效促进所有学生的学习。该假设基于学生学习成就差异相对较小的班级情况，例如，教师为了保障这类集体教学的教学质量，他会假定认为 5 年级学生的数学能力在 5 年级上下浮动，即在 3 年级到 6 年级的浮动范围。如果教师根据每个学生都会高度投入学习的假设而设计了适宜的课堂活动，他也会想当然地认为所有学生能够且必须按照同样的方式学习。

直接教学的课堂教学步骤

新课导入
- 吸引学生的注意力
- 把今天的课程与以往的相关课程相关联
- 采用必要的提问来激发学生的思考

初始教学
- 教师主导如何解决例题
- 教师示范问题解决，安排学生模仿问题解决
- 教师指出问题的难点

教师指导下的练习
- 在教师的指导下学生解决问题
- 教师监控每个学生是否顺利解决问题
- 教师独立辅导学生
- 学生互相讨论

独立练习
- 学生独立完成问题
- 学生完成作为独立练习的家庭作业

检查
- 教师检查学生独立学习的表现情况

再次教学
- 教师找出持续有困难的学生并且重新教授

大班级中直接教学的问题

汤姆林森（1999）言简意赅地指出，普通班级中学生学习风格的差异、学习需要的差异都在增大，这个教育事实彰显了直接教学的上述基本假设已经不合时宜。当今典型的 5 年级课堂，学生学习差异的多元化特点已经造成教师不可能仅仅运用一种教学形式就可以保证教学质量。

事实上，直接教学从来没有对班级内的大多数学生（25 ～ 30 名学生组成的典型班级）真正发挥实效。学业优秀的学生很有可能在早期教学阶段，即教

师在介绍特定数学问题类型时就已经感到无聊了，因为许多学优生或者超常学生可能早已掌握了教师要讲授的内容。因此，这些学生在教师进入后续的教学阶段之前就脱离学习任务了，甚至可能扰乱其他同学。

对于融合班级中能力较低的学生而言，这种教学模式通常也不能吸引他们，因为他们可能缺少当前教学内容所必需的预备技能。既然他们讨厌这些学不会的教学内容，他们也不会参与教学活动，因此许多这类学生会出现脱离学习任务与捣乱的行为。由此可见，教师力图遵循直接教学的系列步骤，但结果却是班级里的许多学生感到无聊，出现不良行为，而教师对不良行为的管理势必会挤占教师的教学时间。

由此显而易见，鉴于当前班级中的学生具有明显的差异，如果我们希望所有学生都能参与数学课堂的学习，我们必须对直接教学模式进行相当多的调整，从而实现课堂教学的差异化，提高教学活动的多样性。在众多教育理论者提出的课程模式与课堂教学重组方案中，汤姆林森（1999）提出的差异教学模式具有最佳的教学效果。

教学策略：猜测、评估与拽出

猜测、评估与拽出策略（Guess，Assess，and Tear Out Tactic）是一种调整直接教学的课堂教学阶段、增加教学差异化处理的方法。

教师在使用猜测、评估与拽出策略时，先按照直接教学模式的第一阶段来开始设计课程，即新课导入。在传统直接教学的每个阶段之后，教师要做如下三件事：

1. 猜测哪几个学生掌握了该概念。
2. 使用 1 ~ 2 个快捷的问题评价这几个学生。
3. 将这几个学生"拽出"单独成组，安排其他的教学活动。

在这个教学模式中，"猜测""评估"两个词带有自我探究性质。教师（基于教师的判断及其与学生互动的以往经验）猜测哪几个学生可能掌握了概念。

接着，教师用非正式的方式快速评估这几个学生，采用的评估方法可能就是一个问题，比如"你理解这个了吗？"。

　　猜测、评估与拽出策略是一种教学设计方法，指教师运用上述传统的直接教学步骤作为教学设计的基础，同时针对因多元学习需求而需要其他教学方法的学生设计多样化的教学活动。

"拽出"一词的探究色彩更强烈。我特意使用"拽出"一词，因为对于许多教师而言，在教学的早期阶段在班里组建 1～2 个甚至更多的小组非常困难。虽然教师们多年来就已经在课堂教学的独立练习阶段将学生分组，但是在差异教学课程中，这种教学分组会更早和更频繁。在差异教学课堂中，教师甚至可能在引入主题的初始教学阶段之前就已组建小组，而且相比传统的直接教学，学生小组的数量会更多。

　　当前大部分教师接受了直接教学模式的培训，因此调整传统的教学设计以开展数学差异教学，对教师而言极具挑战性。简而言之，因为数学课堂同时存在 3～4 组学生，教师必须假设学生在没有教师监控之下也能互相学习，所以，多种教学分组以及随之而来的教师监控减少的做法，是推动教师开展差异教学的最大阻碍之一。对于尚未尝试差异教学的教师而言，具有一定的教育信念才能推动其教育变革，即相信差异教学会给学生与课堂带来积极的变化。

　　同时，学生也和教师一样，普遍没有做好迎接差异教学的准备。在完成指定任务的过程中与同伴保持合作学习，这是现代职场的基本要求之一，而直接教学模式具有更多的教师中心色彩，同伴中介学习的机会较少。因此，让学生有更多机会在教师较少监控之下互相学习课程内容，可以促进学生更好地适应现代社会的要求。然而，无论是教师还是学生都需要探索着、试验着开展差异教学，以更好地发挥差异教学的功能，参见下面的实例。

差异教学课堂案例

　　我们用艾德里安老师的三年级数学课堂举例说明猜测、评估与拽出策略。

该班级里有 22 名学生，包括 5 名特殊儿童，其中 2 名特殊儿童有注意力缺陷及多动问题。这是当前美国学校典型班级的状况。在本案例中，艾德里安老师的数学课堂的教学内容是：汇总数据、创建统计表、形成数据整理的频次表。

我们以同一教学内容的课堂作为背景，比较直接教学的课堂教学阶段与差异教学的课堂教学设计，以此总结猜测、评估与拽出策略的特点，详见下表。表的左栏是直接教学活动，表的右栏为猜测、评估与拽出策略所建议的"拽出"活动类型。

教学策略 运用猜测、评估与拽出策略！从直接教学转向差异教学	
直接教学的学习阶段	**差异教学的猜测、评估与拽出活动**
1. 新课导入 ● 介绍原始次数登记表与次数表	● 在介绍后，分出一组学生（Ω 组），要求他们在地板上创建统计表，然后再加入班级教学。
2. 初始教学 ● 教授原始次数登记表与次数表	● 分出第 2 组（β 组，使用课本中的例题） ● β 组使用地板上的统计表完成例题
3. 教师指导下的练习 ● 安排未分组的学生完成练习单	● 要求 Ω 组和 β 组互相评价工作 ● 必要时再分出一组学生
4. 独立练习 ● 要求学生完成独立练习	● Ω 组和 β 组进入其他拓展活动
5. 检查	● 要求 Ω 组和 β 组向全班介绍他们的活动，继续检查学生的理解程度
6. 再次教学 ● 向未掌握概念的少数学生重新教授教学内容	● 安排 Ω 组和 β 组的学生与需要帮助的学生结伴学习

艾德里安老师为了使课堂导入阶段能吸引学生，考虑到恐龙是最近好莱坞的大明星，于是她请学生说出他们最喜欢的恐龙类型。她拿出一张恐龙图片，这是五种最容易辨认的恐龙之一，请一位学生在电子白板前记录全班同学喜欢每种恐龙（雷龙、异特龙、猛龙、剑龙）的人数。一旦白板上已经出现了一系

列登记次数的符号①，艾德里安老师提问："我们能否把这些数据整理得更容易明白呢？"艾德里安老师会征询全班同学的意见，最后会呈现一张类似下面的次数表。

喜欢的恐龙类型统计表与频次表		
恐龙	登记次数	频次

在简短的课堂导入活动后，传统的直接教学可能建议艾德里安老师运用类似的例子开始讲授原始次数登记表（tally table），然后是频次表。差异教学的课堂教学设计却提供了另外的方法。例如，课堂导入后，在初始教学之前，一些学生可能已经掌握了概念，他们可能提前阅读了课本，看了课本上的例题，知道了如何在表格中输入数据以及从登记次数转换成频次的方法。简而言之，一些学生可能在讲授新课之前就已经掌握了教学内容，因而需要更有挑战的教学任务。

在课堂导入后，艾德里安老师并没有开展针对全班学生的初始教学，而是采用猜测、评估与拽出策略。在进入教师主导的教学之前，艾德里安老师确认某些学生已经掌握了概念，这是当前班级中学生异质性较高的不争事实。换而言之，绩优生不需要接受该概念的教学。艾德里安老师根据以往教育经验或知识猜测，采用 1～2 个简短提问确认 3～5 名绩优生名单。教师的题目可能为，"你能创建一个表格收集计数结果，然后将数据转换成频次表吗？"如果学生给

---

① 计数符号，指在记录数量时采用的标记，一般以五为单位，如写"正"字或画线计数（卌）。——译者注

予肯定回答，她把这些学生拽出班级教学，安排他们参加替代的小组学习任务。

　　下面我们从被拽出小组的视角来观察后续的课堂教学活动，重点关注教师分配给该小组的分层教学活动。

Ω 组

　　在本案例中我们把第一个从班级中分流出的小组称为 Ω 组。你也可以用你喜欢的词语来命名，只要小组的名字不构成先后序列以及不代表对小组成员能力或智力的等级评价。艾德里安老师给 Ω 组分配的第一个任务是从作业单上选择一个小组任务，要求他们创建频次表。这五个学生被安排在教室的独立区域开展小组工作。

　　在差异化教学课堂，教师最高兴的事情莫过于不需要设计替代的教学活动了，这些替代的小组项目通常可从教师教学手册中的拓展活动中寻找。因此，艾德里安老师没有特意去设计该小组的活动，而是从教学手册中选择。然后她向 Ω 组学生简短说明作业要求，必要时也向他们提供学习材料。她从数学课本中复印了题目，说明如下：

　　该活动需要一块地板（4.5 米 ×4.5 米）、一卷胶带纸。学生把胶带纸粘贴在地板上，创建频次表的表格边框。表格的横列代表学生最喜欢的歌手名单（教师应提前从不同的流行音乐杂志上选择 5 个不同音乐类型的歌手照片）。一条纵列用于登记喜欢特定歌手的学生次数，另一列用于填写最终的人数统计结果，即数字。

　　根据上述的指导语，教师应向 Ω 组学生提供一卷胶带纸，然后安排他们在教室一角开展活动。

　　鉴于直接教学的第二阶段，即教师指导的教学阶段通常持续 15 分钟，教师应清楚 Ω 组的小组活动时间。教师选择的小组活动应包含本课中没有涉及的一个或多个多元智力。例如，在上述的活动中，Ω 组被要求用胶带纸在地板上创建频次表。表格由一系列方格组成，学生根据其选择结果站在相应的方格中。

Ω 组需要一起计划原始次数登记表的形状，以及如何安排表格的分类项目。

在 Ω 组的活动中，表格最左边一列是类别方格，歌手的照片贴放在此以代表不同歌手的类别。方格的尺寸需根据照片做适当调整。中间的方格应该足够大，以便有充分的空间让学生站在里面。最右边的方格只需写一个数字，即总结中间栏的人数，因此尺寸可以小点。活动的关键是 Ω 组必须整合小组力量，想到上述问题及其解决办法，包括类别的数目、方格的相对尺寸。然后小组用胶带纸在地板上画出这些方格，便于在课堂教学中继续使用。因此，这个活动包含多种智力，如人际交往智力、空间智力、数理逻辑智力与身体 / 动作智力。

Ω 组在地板上设计表格时很有可能出现错误。例如，当他们设计 5×3 的表格时，可能忘了考虑方格的尺寸。具体而言，电子白板上最初呈现的实例只需要一系列登记次数的符号，而地板上的表格的第二栏必须足够大，以容纳一定数量的学生站在里面。因此，该表格的制作难度高于课堂导入时的例子。Ω 组的小组活动虽然也是关注数据汇总的课堂教学内容，但是比班级授课的教学活动有更高的认知要求，这就是差异教学中典型的分层教学。

班级授课小组

该案例中差异化的课堂教学较易被观察到。在 2 ～ 3 分钟的课堂导入后、初始教学之前，艾德里安老师的课堂已经产生了两个小组，即 Ω 组与班级授课组（指未被分流出去参加差异教学活动的学生）。当 Ω 组在完成小组工作的时候，艾德里安老师正面向班级进行传统的教师主导的初始教学活动。她可以采用教师手册中的多种活动，但前提是必须确认课堂教学提供了多样化的活动以及关注了多元智力。例如，在示范制作原始次数登记表以汇总数据并将数据转换成频次表的方法后，她可以安排学生结伴学习再完成一个数据汇总任务，并且要求学生将解决方法向全班同学做解释。

为了更深入理解差异课堂的教学设计，我们必须想想艾德里安老师的课堂到底发生了什么。在一个 22 名学生的数学课堂内，如果她选择了 5 名学生组成

Ω 组，这样班级中只剩下 17 名学生进入初始教学阶段，而且这 17 名学生具有较高的同质性。因此，艾德里安老师提高了教学质量。请考虑以下问题：

1. 艾德里安老师针对班级授课小组的教学是否更有针对性？

2. 对超常或者绩优生的教学安排，与把他们继续留在班级授课小组的做法相比，是否更少干扰艾德里安老师的教学秩序？

3. 与 22 人的班级相比，艾德里安老师是否与 17 名学生有更多的目光接触？她对人数减少的学生群体是否有更好的认识与理解？

4. 与传统的直接教学班级授课相比，艾德里安老师的学生学习参与度是否会更高？

我们针对上述问题不难得出以下合理结论，艾德里安老师因为指导的学生人数较少，所以她的差异教学更有针对性且更适应学生的需要。这就是差异教学的优势，即差异教学以满足数学课堂中学生学习需要为目的的教学策略。

15 分钟过后，艾德里安老师完成了面向学生主体的课堂导入与初始教学。Ω 组也完成了在地板上制作表格的任务。艾德里安老师再次运用猜测、评估与拽出策略，即利用提问再次从班级授课学生主体中找出已经掌握数据汇总概念的学生，这 5 ~ 6 名学生组成第二组，他们不需要进入直接教学的下一阶段，该组我们称为 β 组。艾德里安老师同样给该组安排替代的学习活动。

例如，β 组的学习任务为与 Ω 组共同"检验"地板上的频次表。老师可以根据学生的喜好安排如下 2 ~ 3 个频次表制作任务：（1）班级同学穿的网球鞋颜色；（2）最喜欢的歌手；（3）最喜欢的国家领导人。

此时 Ω 组也需要分配新的任务了，例如，安排他们与 β 组一起完成后续课堂教学所需的频次数表。然而，艾德里安老师希望给他们安排单独的任务，如写下数据汇总可能遇到哪些问题，以便为后续课堂教学所用。

我们再次想想此时艾德里安老师的班级里发生了什么。首先，艾德里安老师在今天课堂的前 15 分钟里，采取了较为明显的差异教学措施。具体而言，她在课堂导入后拽出了 Ω 组，在初始教学阶段后拽出了 β 组。因此，15 分钟后，Ω 组的 5 名学生开始进行第 2 个替代任务，β 组学生借助几个例题检验地板上的表格，班级授课的主体学生只剩下 11 名，他们接受艾德里安老师的直接教学。对于 11 名尚未掌握概念的学生而言，艾德里安老师提高了教学的针对性，因而也提高了对这部分学生的关注程度。综上所述，差异教学是目标明确、效果明显的策略性教学。

来自教师的点子

正负整数的四则运算

　　安排被分流的学生小组把课堂要讲的概念创编成歌曲、押韵诗、说唱词，这个分层教学的点子非常有趣。因为这不仅需要学生的小组合作能力，而且也需要运用学生的音乐智力。某位老师汇报了她的学生创编的一首有关正负整数四则运算的短小、好听的歌谣，用"划、划，去划船（Row, Row, Row Your Boat）"的曲调唱。

　　相同符号，相加并保留符号，

　　不同符号相减！

　　再取大值的符号，

　　你就做对了！

　　乘法与除法，

　　非常简单！

　　相同符号得正数，

　　不同符号得负数！

是否需要进一步的差异化措施？

　　一个班级或一堂课到底需要多少差异化教学措施，这个问题很难回答。至于一个课堂应该组建多少个不同的小组，这也没有定论可循，但是我们可以参考以下几条指导原则：

　　第一，正如上述教学案例中所运用的猜测、评估与拽出策略，差异课堂教学模式建议教师在每个教学阶段之后分流出一个单独小组。因此，课堂导入后可以组建一个小组，初始教学后、教师指导下的练习后均可以组建一个小组，以此类推。

　　第二，不必过于教条地遵照教学流程！具体而言，持续的分组过程可以在课堂的任何时候中止。例如，教师完成初始教学以及分流出 β 组之后，她将继续带领尚未掌握概念的班级主体学生进入教师指导下练习的阶段。然而，如果学生此时还未掌握基本概念，为什么教师还要强迫他们进入下一个教学环节呢？其实，对于在初始教学后还未掌握概念的学生，教师应该直接进入"再次教学"阶段，采用其他方法来教授概念。因此，直接教学阶段此时不适用了，而且其固有顺序也被打乱了。

诚然，我们必须意识到 Ω 组与 β 组的成员可能会有重复之嫌。有些学生认为自己已经掌握了概念，但实际上并没有充分掌握概念。因此，这些学生可能需要重新加入班级教学的主体。事实上，差异教学课堂的小组成员可能频繁变动，因此分组具有相当的灵活性。如果有必要，教师应该同意从班级中分流学生参加简短的替代教学活动，同时也应该同意将小组学生重新并入班级授课的教学进程。

直接教学的教学结构在前两个或三个教学阶段后就被打断了。教师运用差异化分组的方法，可以提供更有针对性的教学以及更好地掌握学生的学习水平。就此而言，既然教师面对处于不同学习阶段的多个学生小组，原来的直接教学模式与当前教学目的变得没有关联。灵活的差异化措施是差异教学课堂的关键因素。

上述教学案例的错误分析：完善差异教学模式

你发现上述的教学案例有什么问题？我在全美的多个工作坊中介绍了该教学案例，然后以我的观点强调了对于该案例的几个误解。在许多有关差异教学的工作坊之后，我自信我呈现了该教案颇为有效的教学方法，而非仅仅描述其教学过程。你能发现我犯了哪些错误吗？就我目前描述的这个教学案例，你发现了哪些问题？请思考以下问题：

1. 对于不需要直接教学的学生而言，我们运用了最佳的教学方法吗？

2. 该案例中，我们让学生互相学习了吗？我们确定第一组学生掌握了概念吗？

3. 我们永远只拽出最好和最聪明的学生吗？

4. 我们对每个学生的教学都最有效吗？

5. 学习是否运用了多元智力？

正如这些问题所显示的，我对于猜测、评估与拽出策略的概念界定并没有充分阐述。在上述教学案例中，教师总是先把最好和最聪明的学生组建成一个小组。而且，制作表格活动尽管是该课堂中最有效的教学活动，但只安排给了对教师教学需求最少的学生。基于上述原因，我们需要调整一下上述的课堂教学，以使我们观察到差异教学课堂的真实魅力，全面认识到差异教学的教学效率。

> 在分层教学活动中，教师不应该在新课导入后总是将同一批学生组建成一组，这样可能导致最好和最聪明的这批学生总是在一起，而且他们总是在没有教师直接指导的情况下独立开展工作。

教师在组建第一个小组，即 Ω 组时，教师应该找出 2 ～ 3 个完全掌握了概念的学生，并与没有掌握概念的学生结伴。这种异质性分组措施会使小组成员多于上述教案中的小组人数。鉴于 Ω 组学生是独立开展小组学习的，因此这种异质性分组更有可能创造学生之间互相学习的机会。例如，当小组内的学生有疑问时，他应该被告知先向小组内的其他成员提问。学生应该互相学习并且具备互相学习的能力，而且他们互相学习的机会大于传统的课堂教学。这样，差异教学也促进了异质性学生之间的学习。综上所述，每个拽出的小组应该包含掌握概念的学生与没有掌握概念的学生，这是差异教学的基本原则之一。

当 Ω 组学生在地板上制作表格时，班级授课中的主体学生很有可能对这个小组活动更感兴趣，这是该案例的另一个问题。为了解决这个问题，艾德里安老师应该把班级授课设计得与分流小组的活动一样新颖、有趣。在上述案例中，一旦教师确定了 Ω 组的成员并安排他们在教室一角的地板上制作表格（这是非常活跃的基于活动的学习机会），教师应该带领班级授课主体的学生到教室的另一角落开展非常活跃、基于活动（movement-based）的教学任务。两个活动的唯一区别是教师更为密切地关注与指导班级授课主体的学生。由此我们可以得出如下观点，一旦教师设计了新颖有趣、令人兴奋的基于活动的课堂学习任务，他们有必要向全班学生提供类似的活动。这也是差异教学的优势之一。

差异教学设计的指导原则

基于上述的多种调整方法，我们现在可以提出如下教学指导原则，以帮助教师调整直接教学模式使其成为数学差异化教学。我必须强调，这些原则仅供参考，教师应该根据自己对班级学生的了解以及教学内容的要求来做调整与转换，使课堂教学适应学生的需要。

差异课堂教学的指导原则

1. **尽早且经常将班级分组**。差异教学应提供许多分组活动。其实，教师在采取差异教学时会比通常的直接教学模式更早、更频繁地分组。就此而言，猜测、评估与拽出策略可为整个班级中处于不同能力水平的学生提供最有效的差异教学。在差异教学的课堂内，教师在传统课堂教学的每个阶段分流出一个异质性的学生小组。这个小组成员既有已经掌握了概念的学生，又有尚未掌握概念的学生，教师在选择小组成员时需判断能够有效进行小组学习的学生，以及能够或者愿意进行小组学习的学生。

2. **永远不要只设计一个活动！** 当前包含多元学习能力的小学课堂要求教师用多种方式呈现同一教学内容，因此我建议当教师打算设计一个教学活动时，至少还需要增设另一个活动以将班级分组，这样部分学生做一个活动，而其他学生做另一个活动。富有创造性的教师总是能自行设计出有趣的教学点子，我们也可以从数学课程教学手册中找到合适的点子，通常在手册的"拓展教学"或"替代教学"的名类下。在大部分课堂里，教师仅仅只需要从课程教学手册中选择合适的活动。

3. **在一个教学单元中安排一个以上的分组活动**。艾德里安老师在课堂中先组建了 Ω 组，安排他们在地板上制作频次表。在该教学单元后续的课堂里，其他组的学生可能也要完成这个任务。教师也可安排某个学生进入不同的小组完成同一个任务，这个不错的教学点子即重复教学策略。

4. **调整替代活动以适应学生的多元智力**。艾德里安老师设计的制作表格的活动，需要学生运用多个智力：空间智力、数理逻辑智力、人际交往智力。这个活动如果想包含其他智力，还可以进行哪些调整呢？如果学生蒙住眼睛，口头说出在地板上制作表格的方法，这算不算言语智力呢？

5. **运用你所拥有的社区资源！** 数学教学如其他科目一样，来自学生所在社区的实例能更吸引与激励学生。例如，与当地粮食销售有关的数学问题对于农村地区的学生非常有效。对于城市学生，采用当下流行的衣服类型或者网球鞋类型来设计数学问题远比书本上的数学问题更有吸引力。如果学生居住在历史遗址公园附近，教师可以借助当地资源设计数学问题（如在特伦顿战役中，多少爱国士兵对阵英国雇佣军？）

任何课程的教师都应尽可能运用当地社区的生活实例。运用当地的例子重新改写某个单元的所有文字题，这是非常有趣的小组学习任务。重新改写的文字题可成为班级其他同学的练习题。与标准的数学课本上的数学问题相比，借助生活情境的问题更具有真实学习的意义。

6. **激发学生的情绪**。我们知道在学习发生之前，学生必须对周围学习环境具有安全感。进而言之，如果教师能将数学内容与学生的某种情绪相连，学生更有可能投入该内容的学习。采用参加学校郊游的学生人数来讨论数学问题，这能有效唤起学生的情绪。以下为两个实例。

3 年级的文字题："我们准备了 4 辆大巴运送三年级学生去郊游，每辆大巴可搭乘 25 名学生和 4 名成人。如果本次郊游有 22 名成人志愿者同行，请问将有多少学生参加郊游？"

6 年级的文字题："学校有 4 辆大巴，每辆大巴可搭乘 25 名学生和 4 名成人。如果依据学生的数学成绩来决定学生是否可以参与本次郊游，在 115 名学生中，96% 的学生的成绩达到了要求，因此他们可以参加郊游。请问学校准备的大巴是否能运送所有参加郊游的学生与成人？"

如果学生的父母在军队，教师可运用某个战役中多个交战军队的优势来设计数学问题。当我在田纳西州卡拉克维尔地区的学校工作时亲身感受到了这一点，因为这座城市毗邻 101st 空降师的军事基地，该空降师最近被派遣海外。

7. **在融合班级中运用差异教学**。有显著残疾的学生进入普通数学课堂并不新鲜，但是将差异教学作为融合教育的基础却是近期的举措。融合教育与差异教学的教育主旨完美吻合，这归功于汤姆林森教授对差异教学概念所做的开拓性界定。而且，班级中同时有普通教师与特教教师，对分流小组的监控会变得更加容易！

8. **继续开展部分的传统教学**。我并不鼓励教师每天都竭力开展差异教学。诚然，讲授法并不适用于今天的许多学生，但是传统教学仍具有卓有成效的一些方法，包括小组方案、全班对视频或多媒体资料的讨论、学生口头陈述与学生独立研究等。这些教学活动应该成为小学课堂学习的重要组成部分。

教师应该多少时间开展一次差异教学？这是我经常被问及的问题。我通常告诉他们高度差异化的教学结构是一周大概三天差异教学，余下的两天采用如上所述较为传统的教学方法。我相信这种教学结构可以提供多种类型的教学活动，而且可以有效创建能满足所有学生需要的学习环境。我发现教师们非常赞同这个建议。假使教师在每天的每堂课里，每 15 分钟需要指导 3 ~ 4 个从事不同任务的小组，他们认为难以承受，然而如果改为一周的 2 ~ 3 天里开展差异教学而其他天采取有效的班级授课方法，他们会认为可以胜任。

9. **教师应试探性地开展差异教学。**一旦教师决定尝试差异教学，他应该在学生整体学习情况较好的班级先开始，教师也应该选择学生较熟悉的数学领域作为差异教学内容。相比在更有挑战的班级开始尝试，上述做法将有效增进教师开展差异教学的效能感，也将带来愉悦的教学经历。同样，在不会带来挑战的班级检验差异教学更可能带来最初的成功。此后，教师可以转向继续在更有挑战的其他班级开始差异教学。而且，当教师缓慢实施这种转向时，不仅教师能看到差异教学的效果，而且师生将共同逐渐理解差异教学的体系，这些教师声称差异教学更有趣！

10. **找到小组有效学习的实用方法。**许多教师推荐了开展差异教学的简单、实用的原则。尽管这些原则并不适用于所有场合，但是教师们可以考虑如下的建议：

　　a. 对异质性小组的选择方法保持谨慎态度。教师在组建第一个小组时应该仔细做好分组工作，尽量避免没有掌握内容的学生在小组学习中产生窘迫感。

　　b. 必要时移动家具，用目光随时监控分流出去的小组。当某个小组在教室前面开展活动时，如果教室有富余的场地，教师应该把班级授课的主体学生带至对面的一角，安排这些学生把课桌背朝那个小组摆放成半圆形，这样才能提高这部分学生的注意力，而且教师所站位置既能进行班级授课，又能目光监控小组活动。

　　c. 向有明显行为问题的学生提供非正式的辅导，以使他们顺利加入小组学习。某位教师向爱生气的一个学生（诅咒其他同学）教授"选择退出"的策略以帮助其改善行为，并安排她加入小组。简而言之，教师一直等待，直到生气的学生主动提问："我为什么不能离开这儿去那里学习？"教师则告知："我很愿意安排你在这个小组学习，但是我知道你有时生其他同学的气，你就可能说别人笨蛋之类的话，其他同学当然不喜欢被叫做笨蛋，你这种做法并不好。我们不妨这样，今天，我安排你在那里学习，如果你发现自己快要生气了，你就举手，我会把你叫出来到我正在指导的这个小组，由你帮我向这个小组介绍你原来小组的活动。"教师持续几天采用非正式的方式教导"选择退出"策略，就能帮助爱生气的学生加入教师较少监控的小组并且参与该小组的学习。

　　d. 把教学内容掌握欠佳的学生安排进小组。经验丰富的老师很容易观察到，在小组学习中，是那些掌握好的学生在操控任务完成，而且他们可能忽视掌握欠佳的学生。因此，教师应该提高掌握欠佳的学生的能力。比如，分配 Ω 组在地板上用胶带纸制作频次表，教师应该把胶带纸发给掌握欠佳的学生，以促进小组互动。总之，小组中的其他同学需要与掌握欠佳的学生互动，理想的做法是，告诉这个学生表格如此设计的原因。

差异教学的结果

选择开展数学差异教学的教师一般发现，他们对差异教学的种种担心并没有真的出现。例如，许多老师原本担心在课堂内管理不同小组的问题。每个班级都会有部分学生因为其行为方式需要教师时刻关注，所以他们至少在早期阶段不会被选中参加分流的小组活动。然而，教师发现当全班学生逐渐适应了这种学习方式后，即使有行为问题的学生，也能有意义地参与小组活动。

因为当前大部分教师接受了直接教学模式的相关培训，所以某些教师不相信分流小组会自主学习，某些教师把缺乏教师监控的小组视为洪水猛兽。虽然如此，我多次转述了真正开展差异教学实践的教师的观点，一旦教师转向差异教学模式，他们发现学生确实在分流小组中互相学习，而且差异教学模式整体提高了学生的学习。今天全美的教师都在为了符合各州教育局提出的数学标准而努力，这种学习方式比传统的班级授课更能提高教师的教学质量。教师应在组建第一个小组时慎重考虑选择学生的标准。

下文介绍了当教师开始转向真正的差异教学时所发现的典型的教学结果。

猜测、评估与拽出的教学结果

1. 提供了多种教学。该策略为今天班级的所有学生提供了最富成效的多种教学活动。

2. 提高了绩优生的学习参与程度。绩优生在该教学流程中得到了有挑战的学习任务，因此他们更少出现无聊感与行为问题。

3. 改变了教师对班级管理的担忧。既然同时管理多个小组是差异教学关心的问题，教师应该放慢差异教学的实施速度。由于对传统课堂教学感到厌烦的学生会更好地投入差异教学模式，所以，教师对差异教学的班级管理会逐渐顺利。

4.提高了对需要更多指导的学生的教学质量。因为班级授课的主体学生人数减少了，教师可以提高对他们的关注程度，所以对这部分学生的教学质量得以提高。因此，教师加强了对需要更多帮助的学生的支持力度。

5.为每个学生提供了优质的教学。差异教学鼓励教师向多元能力的学生提供最有效的教学。教师应该把班级授课的教学活动设计得与小组的替代任务一样多样、新颖与令人兴奋。

6.差异教学是融合教育的有效模式。教师很容易就看到多个异质性的分流小组与融合班级需求之间的完美吻合。差异教学为当前的融合教育提供了可行的、最富有成效的教学模式。

7.教师逐渐适应差异教学的方式。一旦教师开始尝试差异教学模式，尤其当他们在自己胜任的课程领域开展教学试验时，他们往往会发现自己享受这种教学模式。当教师尝试了差异教学时，他们经常声称不愿意再回到传统的教学方式中。事实上，差异课堂教学更富有乐趣。

差异教学综述：差异教学的概念界定

在了解了差异教学指导原则的基础上，我们采用更宽广的视角来全面分析差异教学的概念。当我最初研究差异教学的时候，我对差异教学到底是什么感到有点困惑。此后我得知这种困惑很正常。具体而言，在我阅读的许多书籍与参与的许多工作坊中，差异教学的定义多种多样，但是并没有人涉及差异教学的核心概念。我离开这些工作坊时常疑惑差异教学是否就是指一批好的教学点子，我并没有掌握概念的核心要素。

最近，我逐渐理解了差异教学远不止新颖教学点子的创新组合。差异教学其实是对课堂学习的重新界定。21世纪的教师应该不会再认为相同年龄的儿童组成的3年级班级就意味着他们具有相同的学习特点。

本章前面所述的直接教学模式以及教师接受的培训都是基于教学面向学生群

差异教学意味着教师不要把学生看成一个"班级"，教师应该根据每个学生的需要而不是相同年龄儿童组成的学生群体特征来备课、设计教学活动与安排测试。

体的认识，但是差异教学是对上述认识的变革。教师应该转向根据学生个体备课的认识，应该借鉴有关儿童学习方式多样性的资讯信息（如多元智力、同伴学习等）。只有具备这样的视角，教师才有可能去满足班级内不同的学习需要。

我进一步认识到许多教师正在开展数学差异教学，但他们自己并未意识到这一点。其实，许多教师已经开展了多年的差异教学。现今班级内学生的学习能力具有多元差异性，教师要生存，必须面向班级内不同学生小组开展教学创新与改革。对于这些数学教师，差异教学的教学设计仅仅意味着他们更加自主、更富有策略地设计差异化的教学活动。这些教师提前根据不同的学习需要来设计教学，因此他们的数学课堂能提供更趋多样化的教学活动。

数学教学的干预—反应模式

伴随着数学教学设计与实施的差异化思潮，美国普通教育界近来又兴起了干预—反应模式（Bender & Shores，2007；Bryant et al.，2008；Fuchs & Deshler，2007）。随着联邦立法对学习障碍鉴定方法的改变，全美的教师被要求开展循证的、密集程度逐渐提高的多层次阅读干预教学，以记录学生对干预教学的反应情况，其主要目的在于为阅读困难学生提供更为密集的补救干预。根据近期的立法规定，如果学生在精心设计、教学密集程度逐步提高的干预方案中没有进步或者进步有限，他有可能被怀疑是学习障碍学生（Bender & Shores，2007）。虽然不同的州采取了有细微差别的干预—反应模式（RTI），但是大部分 RTI 程序强调以下要素：

1. 普遍筛查学生的阅读与数学成就水平。
2. 针对困难学生提供循证的初级干预与补救干预。

3. 三级或更多级的干预程序，以提供密集程度逐步提高的教学。

4. 频繁监控每级干预的进展。

5. 基于数据分析的教育决策。

　　阅读的干预—反应程序成为了联邦立法变革的基础，这些阅读干预因此成为了多年的研究议题。然而，专家很快就意识到许多有阅读障碍的学生可能也会遭遇数学困难，因而最近有学者建议开设数学领域的干预—反应模式（Bryant et al.，2008；Fuchs，Fuchs，& Hollenbeck，2007；Fuchs et al.，2008）。其实，近期许多州的学区都期望教师能开展阅读与数学两个领域的 RTI。许多学生在数学与阅读上都出现了学习障碍，而且，有些学生有数学学习障碍，但是没有出现阅读障碍。这些出现学习障碍的学生未来需要接受鉴定与补救教学，因此许多小学教师预计几年后就会出台实施数学 RTI 程序的要求。鉴于此，RTI 程序与差异教学一样，会影响许多普通教师的数学教学。对于已经开展差异教学的课堂，实施 RTI 不会带来额外负担，因为学生已经频繁开展差异化小组活动。从这个意义上来说，差异教学与 RTI 互相支持。下例为数学 RTI 程序的案例。

数感与早期数学能力的 RTI 个案研究

　　安妮是 1 年级的学生，她在早期数学学习上遇到了困难。1 年级老师格龙女士发现安妮似乎不理解数字的意义，因此她以非正式的方式与安妮学前班老师交谈了一回。学前班的老师说安妮的大部分数字练习都很糟糕，但是她好像能数数。格龙女士经查实确认安妮能口头数数到 20。然而，当呈现一组数字模式，要求安妮说出该数字系列的下一个数字时（如 3、5、7、9 等），安妮不知道答案。安妮也很难比较两组物品集合的多少（例如，呈现两组物品的图片，安妮不能指出有更多物品的那张图）。最后，格龙女士观察到安妮没有像她的同学一样具有"继续往上数"的能力来解决简单加法问题。

早期数学能力的二级干预方案设计

格龙女士认为安妮所显示出的数学困难说明她需要早期数学能力的补救教学。该补救教学的层次一般处于普通班级数学教学之上，因此被认为是二级教学（例如，普通班级的数学教学在大部分 RTI 模式中被认为是一级教学）。格龙女士决定针对安妮与另外 3 名一年级学生开展基本数学能力的密集补救教学。她计划安排一周三次补救教学、每次 30 分钟，专职助手会在她实施补救教学的时候监控班级的其他学习活动。格龙女士从 1 年级数学课程上选择了一系列有关数感与模式识别的专门教学活动。她也制定了一组 15 分钟的测试题目，包含数学计算事实、模式完成、以 2 为单位按群计数、以 5 为单位按群计数、比较两组物品的数量多少。她打算将每周一次的非正式测验作为重复测量工具，以密切监控学生的表现。

接下来，格龙女士将干预计划的书面提案交予一年级的年级组长韦斯托先生，书面提案里说明了干预对象与干预时间。最后，格龙女士向 4 位学生家长送交了知情同意书后，开始对这 4 名学生实施二级的干预教学。

二级干预教学之后的教育决策

当格龙女士在接下来的几周里开展干预教学时，她观察到每周的测试结果显示另外 3 名学生的数学能力在教师的额外帮助下有显著进步，但是，安妮的测试结果并没有显示出进步，格龙女士由此认为安妮需要更为密集的补救教学。她在为期 5 周的二级干预中用非正式的方式记录了针对安妮的干预措施，而且还创建了数据统计图来总结安妮每周测验的表现（见图 4.1）。她带着这些记录和数据与学校的教师—学生支持小组会晤，并提出了让安妮接受三级干预的建议。

图 4.1　安的二级干预结果

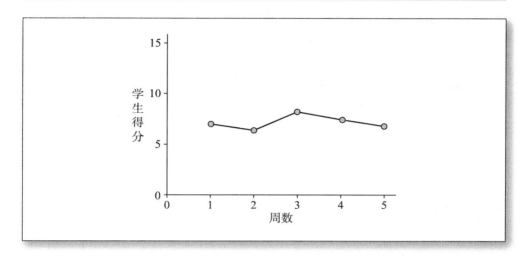

数据总结与三级干预计划

该校的教师—学生支持小组包含格龙女士、韦斯托先生、校长阿什库先生、学校教学督导布洛克女士。格龙女士出示了如图 4.1 的统计图，并与小组成员讨论安妮的干预教学。安妮似乎有些许进步，但是进步速度太慢，而其他一年级的学生已经掌握了这些数感与早期数学能力，因此她无法在本学年末赶上同班的一年级同学。

接着，韦斯托先生告诉小组他参与了该干预方案的教学活动选择环节。他指出这些教学活动的类型正是安妮所需要的，但是他估计安妮需要更多时间来学习完成这些早期数学活动。因此，他和格龙女士都建议向安妮提供更为密集的早期数学能力的补救教学方案。当所有小组成员一致认为补救方案合理后，布洛克女士建议开展三级干预方案。

布洛克女士任教学督导一职，负责该校阅读与数学的三级干预。她在名为教学实验室的房间里办公，并有一名专职助手协助她履行上述职责。在专职助手的帮助下，她向来自不同教学小组的学生提供非常密集的干预服务。目前布洛克女士正给 4 名学生每天 45 分钟的教学，内容为早期数学能力的电脑课程，她提议让安妮加入这个小组。安妮每天除了接受格龙女士的数学课堂教学外，还前往布洛克女士的办公室接受 45 分钟的早期数学能力的密集补救教学。支持小组同意了该项建议，此外还同意在为期 6 周的干预结束后考查安妮的进步。格龙女士与布洛克女士一起安排了安妮每天去往布洛克女士实验室的时间。

　　图 4.2 是安妮在三级干预中的成绩。5 周的测评结束后，支持小组分析了干预数据，发现安妮的早期数学能力依然没有显著进步。他们决定把安妮转介给儿童研究团队。儿童研究因此根据安妮的干预数据，以及其他心理测验，综合评估安妮的学习能力。

图 4.2　安妮的三级干预结果

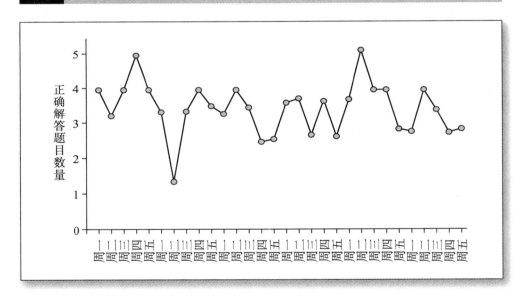

　　因为 RTI 过程是新鲜事物，许多教师可能从未经历过数学 RTI 过程。图 4.3 为数学 RTI 过程的书面总结表格，可作为指南。该总结表格，连同图 4.1 与图 4.2 的数据分析，呈现了一个完整的数学 RTI。

图 4.3　数学 RTI 总结表

学生姓名：安妮　　　　　　　　年龄：6　　　　　　　　　日期：9/2/08

原授课教师：戴安妮·格龙女士　　学校：Toccoa 小学　　　　年级：1

学习/行为问题描述：（附支持证据）

安妮一年级数学学习有困难。虽然她能口头数到 20，但她不知道数字模式或基本的数学计算事实。她缺乏解决数字加减问题的基本策略（如从第一个数往上数），这导致了她数学学习的每个领域都出了问题。去年学前班期末的非正式数学测验显示她的数学入学准备能力薄弱。我写下了对安妮这些问题的担忧以及干预方案，并递交给一年级的年级组长韦斯托先生。

签名：戴安妮·格龙女士　　　　　　　　　　　　　　日期：9/24/08

二级干预计划

安妮和其他 3 位有相同需要的学生接受三级数学干预，这是有关基本数学计算事实与数字模式的密集补救教学。我每周给这 4 名学生上 3 次课，每次 30 分钟，与此同时我的专业助手将监管班级中的其他教学活动。我采用一组限时的教学活动教授基本计算事实与数字模式。我采取非正式测验，每周测试一次这些技能，并将结果绘制成统计图。最后，我给四名学生的家长送达了知情同意书。干预将于 2008 年 9 月 27 日星期一开始。

签名：戴安妮·格龙女士　　　　　　　　　　　　　　日期：9/24/08

二级干预学生的观察记录

2008 年 10 月 5 日我观察了格龙女士对安妮与其他 3 名学生进行的教学干预。格龙女士准备了一些加法计算与数字模式的练习单，进行了 3 次限时一分钟的练习。该程序符合数学期刊研究文章所证实的适合低年级的最佳教学标准。安妮的测验成绩被加以统计分析。本次观察中，她做对了 6 道题。

签名：托马斯·韦斯托先生，1 年级组长　　　　　　　日期：10/05/08

二级干预总结

格龙女士所实施的二级干预教学的 5 周数据显示，虽然其他学生的数学计算与数字模式能力有了进步，但是安妮的进步不明显。根据每周的测验数据，我们认为安妮需要更多的数学强化教学。2008 年 11 月 15 日，学生支持小组（常称为 SAT 小组）召开会议，与会人员为来自 Toccoa 小学的格龙女士、韦斯托先生、阿什库先生、布洛克女士。我们一致认为二级干预教学没有取得预期的成功，而且并不能有效帮助安妮达到一年级的数学成就。因此，我们商议了针对安妮的三级干预教学。

签名：桑德拉·布洛克女士，教学督导　　　　　　　　日期：11/15/08

三级干预计划

作为 Toccoa 小学的教学督导，桑德拉·布洛克女士负责三级干预教学。我的教学实验室有一名专业助手，配备了适合不同数学准备能力与早期数学能力的各种电脑补救教学方案。每个学生独立使用这些电脑程序以接受非常密集的教学干预。

SAT 小组建议安妮每天接受 45 分钟的密集教学，内容为数学事实、辨识数字模式、数字组合，因此，布洛克女士每天给安妮实施 45 分钟的基于电脑的密集补救教学。SAT 小组将在 6 周后干预结束时评估安妮的进步情况，格龙女士和我将找出安妮每天前往教学实验室的时间。

签名：桑德拉·布洛克女士   日期：11/15/08

三级干预学生的观察记录

我于 2009 年 1 月 6 日观察安妮在布洛克女士的数学实验室学数学电脑软件的情况。布洛克女士近期采用电脑教学软件作为补救教学方法（她已经接受了上述电脑教学软件的专业培训）。安妮非常认真，并且成功完成了大部分题目。该软件强调数学事实与早期的数字组合策略，例如用数数表征数字、继续往上数策略。

签名：托马斯·韦斯托先生   日期：1/06/09

三级干预的总结与建议

SAT 小组回顾了安妮 5 周内三级数学干预的进展情况。电脑程序生成的每天成绩监控数据显示，安妮的数学仍无显著进步，而且她的数学成就显著低于年级水平。不过，她在数学干预教学中的表现非常积极。

SAT 小组建议由儿童鉴定团队综合考虑按安妮的情况，以决定她是否可以加入 Toccoa 小学的学习障碍服务方案。

签名：杰克逊·迪安·阿什库先生，校长   日期：1/10/09

二级、三级干预的重要事项

实施二级、三级干预时需要考虑以下事项。其一，正如上述案例所示，干预的层级越高，数学教学越密集。学生观察记录与教育决策文件中都会描述或记录代表干预密集程度的指标。具体指标包括每个干预方案中的师生比、干预的持续时间与频率（每天多少分钟、每周几天、持续几周等等）、每个等级干预方案的成绩监控频率。RTI 的文件总结必须说明这些干预的细节信息。

其二，正如上述的 RTI 流程所示，普通教师负责普通班级的一级干预，也负责二级干预。一般而言，普通教师可能在没有额外支持的情况下难以开展这些教学活动，因此，RTI 最大的困难之一在于难以找到合适的干预时间。在该教学案例中，格龙女士提供的二级干预教学尽管符合学生的学习水平，但是干预的密集程度不能满足学生的需要，正如图 4.1 的进展监控数据所显示的信息，因此，该案例需要开展三级干预。

在美国大部分州，普通教师负责对阅读与数学困难的学生进行一级与二级的干预（Bender & Shores，2007）。虽然三级干预一般被认为是普通教育干预，但是并不意味着由普通教师单独负责实施。事实上，普通教师的教学时间分配已经颇有压力了，因此普通教师既教全班的数学课，又在课堂内对一部分困难学生进行数学干预，还要在没有额外帮助的情况下对个别学生进行更密集的三级数学干预，这种期望不太现实。在上述案例中，格龙女士因为有一位专业助手，因此她能开展二级的干预。在大部分情况下，普通教师不可能实施三级干预。案例中的三级干预教学最后由学校的教学督导布洛克女士承担。

其三，教学案例中的二级、三级干预的数据均显示干预未成功。因此，有一定理由怀疑安妮有学习障碍。然而，RTI 过程自身并不能作为学习障碍鉴定工具。儿童研究团队决定哪些学生有资格获得学习障碍服务，而 RTI 程序可为学习障碍诊断提供强有力的证据，此外还需考虑其他因素（注意力、工作记忆或其他记忆过程、医学检查）。具体而言，当学生在两个补救干预中均未有进步后（如二级与三级），可能被怀疑有学习障碍，但是此时学习障碍并没有得到证实。学生是否有学习障碍需由资格认定小组评估学生从一级到三级的数据，同时考查学生的潜在认知过程和其他相关信息。

阅读方面的研究显示，在接受二级干预的学生中，近 40%～60% 在二级或者三级干预中有了显著进步，因而不再需要学习障碍的相关服务。但时至今日，数学 RTI 研究的数量与质量尚显薄弱。接受二级或三级干预的学生会继续接受干预，直到他们达到了数学学习的年级水平。因此，干预教学能帮助困难学生在二级或三级干预中获得进步，教育相关机构应该为 RTI 提供必要的时间与资源。

　　其四，许多数学困难学生可能在某个时期一边参加班级的数学课程，一边接受二级的补救教学，而在另一时期一边参加班级教学一边接受三级的补救干预。数学困难学生不应该从普通班级中完全撤出以参加补救教学。进一步而言，一级教学针对普通班级所有学生，每个学生在每个时间段只能参加一个补救干预方案。

　　其五，我们应该认识到普通教师在数学学习障碍资格认定过程中所肩负的重要责任。诚然，普通教师通常参与学习障碍资格认定工作。在历史上，普通数学教师都参与资格认定会议，提供学生的数学作业，就学生数学能力做错误分析或工作分析方面的报告。然而，参与 RTI 程序的普通教师要肩负更多的责任，因为他们负责提供二级干预的表现监控测验数据统计，这是学习障碍鉴定中的关键数据之一。普通教师应认识到所肩负的责任多了，需要理解 RTI 的错综复杂的要领，尤其要在二级干预中重复监控儿童的表现。

　　我再次重申，差异教学与 RTI 必然影响教师的教学活动设计与实施，而且这两种教育改革互相支持。小组工作在差异化教学课堂中司空见惯，因此这给 RTI 二级干预提供了契机。

第五章
支持数学低成就学生 ①

莱斯莉·劳德

每个学生的学习到底有哪些特点，这是个待解的谜。作为数学教师，揭开每个学生的数学思维与数学情感是富有效能感与价值的工作。在这些学习困难学生之中，尽管某些学生的学习风格相似，比如思维缺乏有效性与组织性、难以提取长时记忆中的信息，但是他们并不是完全相同的两个人（Swanson & Deshler，2003）。被鉴定为注意力缺陷与记忆困难的两个学生可能在数学不同领域所掌握的预备技能完全不同。尽管了解每个学生的学习风格很重要，但是了解每个学生在每个数学单元能做什么和不能做什么也同样重要，因为学生的鉴定结果很容易让我们形成偏见，而学生常常会意外地展现出惊奇与令人兴奋的一面，令我们惊叹不已。

数学的不同领域，从代数到几何，需要运用不同的内在认知能力（符号性思维、语言能力或视觉推理），学生需要在每个独立单元教学前或者在单元教学过程中展示他们已经掌握以及尚未掌握的内容，比如借助诊断性质的前测与持续的形成性评价。然后，教师根据测验所反映的信息，提供差异化的内容支持，以适应学生的学习需要，培养他们的学习策略。然而，如果有些学生的学习差距太大或者学习困难较为严重，那么他们需要更多的调整措施。简而言之，我们需要致力于教学方法的差异化。尽管本章详述了差异教学，但是教学的重点应该是提高学生的自我指导能力以及促使学生尽可能自我决定学习的下一步骤。

---

① 本文选自莱斯莉·劳德著：*Using Formative Assesment to Differentiate Mathematics Instruction, Grades 4-10:Seven Practices to Maximite Learning*，科文书社。

在阅读本章及本书的时候，请牢记这一忠告：尽管我们不可能要求所有学生以同样的深度掌握全部单元的核心要点，但是每个学生都应该达到规定的掌握水平。

前面章节探讨了教师如何处理学生在每个数学单元的不同准备水平，对于学生在数学事实、概念、程序三个领域可能存在的更严重的数学困难，教师也应该致力于提供差异化支持。

三级干预—反应
本章的干预简介

数学基本事实：

● 测验基本事实，以此制订系统的基本事实学习顺序。

● 如果学生记住了基本事实但提取缓慢，运用加速提取干预方法。

● 运用分解与组合干预方案来促进学生理解与基本事实有关的概念。

● 运用明确、系统的教学。

概念性知识：

● 首先弄清楚学生的困难之处，以准确定位学生的错误概念。

● 教具：按照具体—半具体—抽象的学习顺序（CRA）安排。

● 采用图表呈现信息。

● 直接教授示意图策略。

● 核心搜索（coresearch）其他解释。

流程：

● 测验流程，以此制订系统的程序学习顺序。

● 分散练习效果好于集中练习。

● 安排学生创建流程执行步骤的检核单。

● 启发式教学法。

● 设计策略。

关于计算基本事实的差异教学

贝弗莉记住了所有的计算基本事实但是很慢才能想出正确答案。当她焦虑时提取速度更慢，因此她非常害怕被叫到黑板前回答问题。斯蒂芬，却是另一种情况，他从来没有熟练掌握基本事实。他回答6×7时要花上好几分钟才有答案，这是因为他非常费力地把7连加了6遍。两个学生都无法快速提取基本事实，所以他们在进行多位数计算时出现困难。

学生在中学以前都比较讨厌练习基本事实。然而，研究显示，学生熟记基本事实并且快速提取答案非常重要，这样他们方能释放更多的认知资源，组织与监控思维过程，更多地关注数学问题的复杂层面（Delazar et al.，2003）。对于有计算事实提取困难的学生，给予他们一定的补救措施也是有必要的。根据全美数学教师理事会（National Council of Teachers of Mathematics，NCTM）的指导原则，教师必须允许少部分因自身障碍而无法掌握基本事实的学生使用计算器。但是，具有基本事实学习能力的学生使用计算器可否提高其学业成绩，研究结果未能给予明确肯定的回答（Tindal & Ketterlin-Geller，2004）。鉴于此年龄阶段的学生独立愿望强烈，且相关研究显示，学生自我指导能力的增长可提高其学习成绩（Montague，2007），因此，当教师支持学生自我负责计算事实的学习时，学生会有更为积极的学习回应。

为了找出计算基本事实薄弱的学生，教师先安排如图5.1的前测，然后根据测验结果遴选学生。建议使用钟表实物之外的限时工具，例如小型计算机屏幕上的定时器，以避免增加学生的焦虑。教师应该安排全班接受测验，并记录每个学生完成测验所需的时间。这样全班的时间常模可用来筛查速度最慢的学生，并安排这些学生参加提高计算速度的练习。

为了区分记住了计算事实但提取缓慢的学生与缺乏策略解决计算问题的学生，测验的最后一个问题可要求学生说明所用的计算策略。学生用蓝墨水给自己的试卷打分，然后制订计划，内容是有关计算策略的学习方法与计算速度的提高方法（见图5.2）。学生在来校或放学后、在实验室时间（lab period）或空余时间接受每两周一次的重复测验（与前测内容、难度相当的测验版本）。当教师要求学生制定重复测验的契约时，他们必须在日志中说明练习的方法与时间

（见图 5.3）。如果老师认为难以激发学生的练习意愿或者难以安排每两周 1 次的重复测验时，则采取记录学生家庭作业分数的做法。

图 5.1

	计算基本事实			
1.	9×8	96÷12	17−9	3+8
2.	9+7	7×8	42÷6	6×4
3.	5+8	12−4	6×7	7+8
4.	3+6	12×7	7+4	12−5
5.	6+8	11−5	13−7	14−8
6.	4+7	15−8	16−9	7×6
7.	48÷6	21÷3	3×6	8×6
8.	7×4	14−8	8+4	14−9

当我们想不起答案时怎么解决问题：

6×7　　　　　　　　　　　84÷12

8+7　　　　　　　　　　　17 − 9

记住了基本事实但提取缓慢——运用加速提取策略

像贝蒂莉一样记住了基本事实但是提取缓慢的学生，他们在参加限时测验时可使用多种练习方式，比如使用定时器。然后，把测验用时与准确率绘制成图表（见图 5.3），以此制定每个连续练习的目标。此外，学生可以按照如下方式使用遮盖、抄写、比较策略：

（1）抄写事实并大声读出来。

（2）遮盖结果。

（3）默写。

（4）把默写结果与标准答案比较（改编自 Stading，Williams，& McLaughlin，1996）。

教师可安排需要加强基本计算事实练习的学生结对互相问答，或者学生必须找家长签名以证实其在家练习了，还可以使用相关的数学游戏以调动学生练习的积极性，如 www.multiplication.com 上的游戏，尤其是"魔术师"（The Magician）游戏，或 www.tomsnyder.com/fasttmath/intex.html 网站。在"魔术师"游戏中，如果学生在给定的时间内掌握了一定数量的基本事实，程序将自动给学生颁发证书，并且记录学生的成绩进展，但该游戏为付费游戏。你可以在搜索引擎里输入"乘法游戏"，会有更多网址供选择。当教师在选择网址（或者安排学生选择）时，需遵照以下遴选标准：

网络练习的遴选标准

● 游戏的速度是否可选择？（指完成任务的时间限制）

● 每分钟解决的题目数量是多少？

● 是限时的练习吗？

● 游戏提供即时反馈与错误纠正吗？

● 游戏记录进展吗？

● 是否有竞争设置，如高分榜？

● 是否设置了未掌握事实的练习环节？

某个网站将游戏设置成学生在洞穴中搜寻可供练习的计算基本事实，这样一来，学生很有可能把大部分时间花费在寻找上而非练习上，这是我们在为学生选择游戏软件时应该注意的事项。www.iknowthat.com 上的游戏，可记录学生的进步，并且激励学生获得榜单中的高分，极大地提高了学生的投入与参与动力。www.coolmath-games.com 上的游戏与 FASTT 上一样设置了未掌握计算基本事实的练习环节。www.algebrahelp.com，www.mathscore.com 等其他网站提供了个别化的反馈与提高计算基本事实的多种小窍门。

图 5.2

提高计算基本事实的个人计划

根据我的测验结果，我愿意提高：速度　　或　　准确性（在选择项上画圈）。

我出现的错误有：

_____

_____

_____

_____

_____

_____

_____

_____

_____

我提取速度最慢或没有记住的计算类型是：

＋

－

×

÷

我的提高计划是：

资源：

网站：

分散练习时间：

图 5.3

我的练习记录

日期 练习内容 成人签字

_____ _____ _____

_____ _____ _____

_____ _____ _____

_____ _____ _____

_____ _____ _____

_____ _____ _____

_____ _____ _____

_____ _____ _____

_____ _____ _____

我的统计图（目标：每分钟完成的题目数量）

5

4

3

2

1

（最小的数量）

日期 ___ ___ ___ ___ ___ ___ ___ ___ ___ ___

需理解计算基本事实的概念

像斯蒂芬这样因概念理解问题而未掌握计算基本事实的学生，除了练习，还需要学习计算策略。学生在练习计算策略时如果得到积极、正确的回应，那么当他们不知道问题答案时就可借助计算策略得出答案，同时记住答案。研究发现，计算练习与下文将要阐述的计算策略教学相结合，不仅可以极大提高学生的计算成绩，而且还能促进学生的迁移能力（Woodward，2006），因此我们主张所有学生都应学习相关概念与进行计算练习。

计算策略教学可促进学生理解基本事实之间的联系，因此学生借助计算策略可更好地理解事实，同时更有效地记住事实。例如，如果学生知道 3×7=21，那么 6×7 可以被分解成两个 21，最后得出 42。或者如果学生知道 6＋6 的答案，他们可以由此推导出 6＋7 是多少。

学生应接受每周 1 次的测验以监控自己的学习进展，同时采用图表呈现学习的进展（见图 5.3），以此评价所使用的策略是否有效。福克斯与福克斯（1996）的研究认为这种学习监控非常有效，尤其当配套使用图表与运用基于数据的决策时效果更为突出，例如，在练习后，如果发现图表中学生的分数没有提高，教师将鼓励学生尝试其他策略，或者采用更趋分散的练习安排（分散在一段时间内，而非集中练习）。图 5.4 呈现了计算策略的学习顺序。

为了促进学生对基本事实的理解，教师可采用数学教具来表征概念。例如，根据美国资料交换中心的有效数学教育实践指导（The What Works Clearing House's Math Practice Guide）（Gersten et al.，2009）推荐的循证实践，弗斯诺特、多尔克（2001）说明了数字阵列变形的方法，帮助学生通过观看数字阵列的图片来理解基本事实。例如，学生观看四排六根的木头如何变形为三排八根的木头，即木片或圆点的排列方式发生虽然发生了变化，但 24 的总量保持不变。

图 5.4

基本计算事实策略

加法

我已经掌握

往上数（当加 1 或加 2 时运用。从大数开始，然后往上数 1 或 2 个数）_____

加数成双数或者为相邻数（从 4+4 推导出 4+5）_____

加数为相邻数（8+7=7+7+1）_____

5 为节点（5+1；5+7=5+5+2）_____

凑 10（2+8；4+6；7+3）_____

和是十的相邻数：所有和为 9（5+4，7+2）与和为 11（3+8，4+7）的数_____

分解数字：用 8 或 9 凑 10（如 8+6，把 6 分解成 2+4，然后 8+2=10，

　　再加 4，和为 14）_____

加数为 8 的计算：8+4，6+8_____

乘法

我已经掌握

0，1，10，11——有规律的积模式_____

2，5——数字加 2 遍或者加 5 遍_____

乘数为双（2×2，3×3……）_____

双倍推导：3×7=21，所以 6×7= 为 21 的两倍，即 42_____

9 的快捷法（想成 10 的倍数，然后减去相应的 1 个 9）_____

借助相关的口诀推导，如往上加 1 个倍数（6×8+8=7×8）_____

6 的倍数——想成 5 的倍数，再往上加 1 个倍数（5×8+8=6×8）_____

3 的倍数——想成 2 的倍数，再往上加 1 个倍数_____

明确、系统的教学

　　基本技能可以采用建构、探究式的教学方法，但是有些学生可能需要明确、系统的教学，二者并不构成对立。我所带领的专题小组的教师均致力于建构主义、探究导向的教学方法，但当学生需要额外支持时，他们常常把多种明确、系统的教学方法作为后备资源，并从中选择适宜的方法。这些后备资源包

括提供流畅的问题解决的示范、鼓励学生口头说出思考过程、安排学生参加教师指导下的练习并给予纠正反馈、频繁的累积式的复习等，美国资料交换中心的有效数学教育实践指导的相关研究充分支持了上述方法的教学效果（Gersten et al.，2009）。

概念理解的差异教学

当听到下一单元为几何时，伊丽莎白不禁将身体蜷缩了起来。她非常清楚自己的学习风格，知道自己存在视觉形象解读困难。教师最近正采用视觉形象来解释分数，她也发现伊丽莎白对这些视觉图形不感兴趣。伊丽莎白是非常合作而且愿意学习的学生，当教师和伊丽莎白本人都意识到是因为伊丽莎白无法理解图形时，才恍然大悟她的学习表现为何异常了。伊丽莎白具有轻度的非语言学习障碍，这意味着她不能理解非语言的图像信息，她更愿意通过语言的方式学习。

特迪数学成绩一向不错，虽然并没有达到非常优秀的水平。然而他在最近的概率学习中很难理解独立事件的概念。教师采用图表讲授，但是他依然不理解。特迪没有任何残疾。他仅需要更多时间、机会与练习来掌握特定的概念。

概念理解困难的学生通常或多或少会挑战教师的思维。教师往往感觉大部分学生已经掌握了所讲内容，可以继续下一环节的学习时，却发现还有学生需要更多的时间来学习所讲内容。下面的方法可用于家庭作业分配或者在课堂教学中融入分层教学，这样整个班级的教学不会因为少数学生需要额外辅导而延搁。全美数学教师理事会（NCTM，2000）的学习原则提出教师教授时切忌未充分讲解相关概念，我们也建议教师在讲授前应促进与巩固学生的概念理解。最新的数学核心概念也同样强调巩固学生的数学概念理解（http://www.corestandards.org）。

阐述并测试概念

在实施更为密集的教学以帮助学生掌握概念之前，教师应该仔细确认概念的主要特征以及学生掌握该概念的程度。教师可向自己提问：

- 拟讲授的概念具有哪些主要特征？
- 学生掌握了哪些特征？
- 我要讲授哪些特征？

为了确定学生已经掌握的概念程度，教师可与学生坐下来，提示说"把你知道的都讲出来"，要求学生口头说出其思考过程或解释其思维。然而，教师经常没有充裕的时间来与学生交谈，那就可以改为要求学生填写如图5.5的表格。安排学生填写表格时，教师应要求学生关注他们已经知道的内容，明确尚存的疑问。当教师收集数据后，可以从下列策略中选择讲解概念的其他方法。本章还将介绍支持每个方法的研究成果。

- 教具：具体—半具体—抽象的学习顺序（CRA）。
- 图表。
- 示意图。
- 核心搜索其他解释。

下面将详细介绍每个策略。

教具：具体—半具体—抽象的学习顺序（CRA）

学生可通过操作教具来获得概念理解，但是教师需要谨慎使用，确保教具新奇、小巧，并且没有幼稚之嫌（虽然有教师不同意这样看待教具）。如果许多学生需要借助教具理解概念，教师则可向全班学生经常提供教具，或者在教室的某个区域设置教具中心，有需要的学生自行前往练习。课堂教学可以采用这种方法来分层（参见第六章有关借助中心进行分层教学的建议）。

图 5.5

概念问题

我们正学习的概念是：

_____

_____

_____

概念理解的示意图：

我已经理解的部分：

_____

_____

_____

我的疑问是：

_____

_____

_____

研究发现按照 CRA（具体实物到半具体或图片式教具，再到抽象或书面符号）顺序使用教具可显著提高学生的代数成绩（Witzel，2005；Witzel，Mercer，& Miller，2003）。读者可参见瑞克米尼、威策尔（Riccomini，Witzel，2010）的文章查看该方法的资源。我和讨论组的教师成员认为有价值的中学数学教具如下：

● 代数瓷片 [①]（一次方程与二次方程解决）
● 立体几何体的构建材料（Didax Geofix）
● 几何体模型（面积与体积）
● 1 厘米的正方形软片（可从 http://www.etacuisenaire.com 购置）

例如，指数单元教学可借助教具来进行概念的分层教学。学生运用小立方块建构 $4×3$ 的乘法增长模型与 4^3 指数增长模型，从而切实观察到了两种运算在增长方式上的巨大差异。该课程便于开展即刻与便捷的差异教学，即教师可以安排显示出已经掌握指数的学生转向更具有挑战的活动，如探讨一个数的 0 指数为 1。同样，这些教具与小学阶段的教具应有区别，否则可能被中学生认为过于幼稚而被拒绝。某些学生不需要直观教学就能掌握抽象概念，因此应允许他们跨越该阶段，教师应该牢记这点。

正如前文所述，如果只有少数学生需要教具，那么教具应该放置在学习区而不是作为班级教学活动的材料。在建构模型后，学生应随后将模型绘制成图，以帮助他们转向表征的学习阶段。最后，他们能够直接使用书面的数字符号来解决数学问题。总之，研究发现，使用三遍教具后再安排使用三遍表征符号，可有效促进数学障碍学生的概念理解（Miller & Hundson，2007）。

图表

图表作为一种重要方法，可运用于任何时间任何单元的教学，适用于多元能力水平的课堂。图表将抽象符号信息之间的关系以简洁的方式呈现，有助于

[①] 代数瓷片（algebra tile）是一些长方形或正方形的瓷片，有 x^2 瓷片、x 瓷片和 1 瓷片等几种，分别代表面积为 $x×x$，$x×1$，$1×1$ 的矩形。用它们的组合可以表示代数表达式、方程等代数模型。——译者注

学生掌握知识结构。图表可采用多种方式呈现，以帮助不同类型的学生理解知识。www.graphicorgnizers.com 网站提供了许多优秀的图表，这些图表均经过实践检验并被研究证实了其有效性。下文的图表实例呈现了如何在多项式方程的类别下组织整理单项式方程、二项式方程与三项式方程的概念。

　　研究发现，图表可提高学生解决线性方程的成绩（Ives，2007）。课堂教学可做如下差异处理，一部分学生自行创建图表，而另外的学生根据教师提供的范例或模板来创建图表，如图 5.6。

多项式方程		
单项式方程（一项）	二项式方程（二项）	三项式方程（三项）
5	$5a + 5b$	$5a + 6c + 12d$
x	$10h + 10i$	$x^2 + 2 \times 2 + 4 \times 3 + x$
$5b$	$10 + 12i$	$4 \times 2 + 3 \times 2 + 6x$（反例）
1/5	$7y - 2x$	$3 + 4x + x^2$
10/2	$3x - 4x$（反例）	

示意图

　　大部分课本都建议学生绘制示意图，但是课本甚少直接告知制作示意图的方法。借助示意图，学生学习将文字题与视觉的示意图之间建立联系。有些学生常常难以理解视觉图形与数字符号之间的联系，而绘制示意图作为最重要、运用最为广泛的数学学习策略之一，对于促进学生理解上述二者的关系具有重要的教学价值。绘制示意图有助于学生理解概念与数学问题（Marchall，1995），学生通过设计解决问题的计划，在解决文字题的同时保持问题解决的思路，人类大脑的网状结构天然具有创建与运用图式的功能，而示意图表征的信息即图式，因此示意图可促进学生掌握文字题的题意阐述与问题解决的组织方法。

　　研究已发现运用图式形象与数学问题解决能力呈正相关，但图画形象（与数学无关，如在距离题中给道路旁花朵的花瓣涂色）与数学问题解决能力呈负相关（Van Garderen，2006）。图式表征大部分时候运用于正确地解决问题中，而图像表征大部分时候运用于错误的问题解决中。图像表征指绘制与问题无关的特征，而图式表征是运用编码或符号来显示数量关系。

学生应运用最具时间效益的策略来绘制示意图。教师应告诉学生示意图不是正式的图像，而是可显示数学模型之间关系的快捷符号或编码。学生可以先学习低效的示意图（在两个男孩家之间的道路上绘制树木与叶子），然后再学习绘制如图 5.7 中的更有效的示意图。

示意图作为工具可用于以下方面：显示对数学问题的最初理解，显示数学问题中数量变化的过程，证明问题解决的合理性（Van Garderen，2006）。当使用示意图监控思维时，显示变动的箭头之类的标记应该绘制在示意图之外，以避免混淆。教师应反复强调示意图不是作品，而是思维工具。而且，研究发现，一些模拟数量关系的示意图比另一些数量关系模拟较模糊的示意图更有效（Xin，Jitendra，& Deatline-Buchman，2005）。

辛和吉腾德拉（2006）提供了经研究证实有效的策略，用于教授学生绘制比例题中的比率与比值。教师可以从 Pro Ed 中找到教授该策略的详细课程方案（Jitendra，2007）。

学生应首先判断文字题是否与示意图的"变化"类型相匹配。"变化"问题指两个数量的关系发生了变化。中学生常接触的数学问题类型包括比例、比率与百分比之类，因此他们有必要学习这个有效策略。

此外，辛和吉腾德拉（2006）建议当学生的学习准备水平显示他们需要帮助时，教师应该提供包含所有必要信息的数学题，当介绍与示范示意图的绘制过程时，学生不需要解决问题，只需练习如何构建示意图，如下所示：

小轿车 1 加仑油可以行使 25 英里，那么 3 加仑油则可行使 75 英里。（Jitendra，2002）

在学生熟悉示意图后，再开始练习绘制含有缺失信息的数学题。

图 5.6

设计图表

我们正在学习的概念为：

该概念包括的不同类别有：

这些类别的不同之处为：

将每个类别列在方框中。

列出区别各类别的特征。

图 5.7

示意图类型

以下为四种示意图类型：

1. 网状或直线示意图

皮特家与汤姆家相距 1000 英尺。汤姆走路的速度比皮特快两倍。如果他们计划同时出发来会面，请问每个人各走了多少英尺？

这种类型的文字题最好采用直线示意图。

2. 矩阵或表格

3. 树状示意图

碎末	太妃糖	水果
︿	︿	︿
香草或巧克力	香草或巧克力	香草或巧克力

4. 部分与整体

池塘边有两种动物：鸭子与兔子，共留下了 22 对足印。请问每种动物各有多少只？

资料来源：Van Gardener，2006；Xin，2007。

图 5.8

创建我的示意图

我的示意图：

_____

_____

_____

_____

_____

_____

示意图表明：

_____

_____

_____

_____

_____

_____

示意图检核表：

1. 是否呈现了数学题的所有相关部分？（并不适用所有示意图）

2. 是否呈现了相关部分的关系？（即相关部分的隶属方式）

3. 是否引导了解决方法？

4. 是否可以删除某些多余信息或细节？

5. 我是否尽快准确地绘制了示意图？（不需要符合真实世界）

6. 我运用了编码吗？（教师示范）

7. 我能否用示意图展示我理解问题的思路？

8. 我能否用示意图证明问题解决的合理性？

焦点搜寻其他解释

当学生难以理解主题时，教师与学生应在其他教材或网络上寻求多样的概念解释。Sopris West 出版的《转衔数学方案》（*Transitional Mathematics Program*，Woodward & Stroh，2004）针对学习困难学生提供了清晰的直接教学与解释。

在主题研究的实例中，学生被要求查找横坐标的三种定义、探讨平行线和横坐标交叉时如何计算角度。不同的网站可能提供不同的解释、图像与实例。运用图 5.9 的指导，学生能选择最喜欢的网站并解释喜欢的理由。为了构建这样的任务，教师可以创建活动表或包含多样的高质量网站的网络搜索引擎，这样学生能找到并比较不同的定义，例如 www.kn.sbc.com/wired/fil/pages/listallthinli.html.

该网站提供了多种几何网页的链接。其他优良的网站包括：

http://www.eduplace.com/kids/hmn（概念复习、数学词汇、游戏）

http://www.sadlier-oxford.com/math（概念复习、数学记录）

值得注意的是，教师应检查所有链接以保证每个链接确实可链接到页面。同时，如果教师不能给全班同时提供网络链接，学生可分组活动，或者一组用教材查找定义而另一组使用网络。大部分出版商一般均提供免费的数学教材样书。

图 5.9

其他资源项目

我探讨的概念：

_____

_____

_____

_____

我运用的资源：

_____

_____

_____

_____

概念解释摘要：

_____

_____

_____

_____

最佳的概念解释为_____因为_____

_____

_____

_____

_____

_____

_____

教学生管理时间

即使学生运用了高级的学习策略，学校功课还是不可避免地要花费许多时间，这是学生常会遇到的学习挑战。学生需要掌握概念而非仅仅获知该概念，因此他们必须做分散练习直到概念内化，以达到牢固掌握。我发现一旦概念掌握后过度练习反而会降低学习效果，因此练习的量因人而异，需要进行差异化处理。当教师允许学生在课堂内完成家庭作业时，教师才有时间辅导有额外需要的学生。这些在课堂内接受额外辅导的学生，也因此需要额外时间来完成家庭作业。如可能，教师可以将这些学生转介给辅导老师或者其他人员以获得时间管理方面的帮助。这些学生被要求填写时间管理表。鉴于时间管理的重要性，教师可向所有学生发放时间管理表。教师可将该表作为家庭作业发放以避免浪费课堂教学时间，也可要求学生在成人的辅助下填写该表格以强调表格的重要性。

差异化的数学程序支持

利奥只要看到有难度的数学题眼睛就会发亮，在解题过程中他全神贯注、深入思考，然而，一旦需要完成如多位数除法、小数的乘法之类的基本数学程序运算，利奥就会备感挫折，因为利奥长时记忆有困难而导致他容易遗忘复杂运算的步骤，所以他计算常常出现错误。不过，对于能激发他兴趣的数学题利奥还是乐在其中的。

詹森却是另一种情况，他在多年的过度练习中牢牢记住了复杂运算的步骤，但是，詹森的注意力与工作记忆有问题，因此当他在学习新的代数知识时，比如线性方程，常常会忘记步骤或者弄乱了步骤的顺序。詹森在计算时需要帮助以便组织解决问题的思路以及在执行解题步骤时监控自己的思维过程。

下文介绍如何辅导有如下数学学习困难的学生：难以执行正确的计算步骤，或者已经掌握了基本概念却难以回忆起步骤。首先，向需要重新复习知识的学生，如利奥，推荐学习策略，练习中学数学所需的基本运算能力，如多位数除法、分数和小数的乘法。其次，对于理解概念后依然难以掌握程序的学生，如詹森，提供一般策略与领域特异性策略。如前文所述，有些学生因障碍而导致基本计算事实掌握异常困难，另一些学生因过多计算练习而产生反感，教师应注意到这个情况，衡量计算练习与因过度教学而可能造成的数学厌恶感，孰轻孰重？我一直致力于采用最能激发动机和最令人快乐的方式来让学生学习计算。然而，如果学生数学运算成绩停滞不前而且他没有从数学运算学习中获得内在的满足感，那么教师应重新考虑过分重视计算练习的做法，并且探讨采用计算器等其他可行的措施。

当学生参加基本事实前测（见图 5.1）并自我评分时，他们还应参加基本计算的前测（见图 5.10）并自我评分。然后，教师给予学生一系列提高计算能力的方法与步骤，如图 5.11。学生记录自己的努力，把每次参加重复前测的进步状况绘制成图表，判断所采取的策略是否有效，这些措施都非常重要。教师向学生推荐策略时应保持谨慎的态度，以免学生可能抱怨"检核单"，因为学生可能认为这些策略是教师强加的而非自愿接受的。当学生自己决定策略的选择与策略的使用方法时，他们更有可能领会到策略的价值。

图 5.10

基本计算前测

$2\frac{1}{3}+4\frac{5}{8}$	$6\frac{1}{2}\div1\frac{2}{3}$
$482.01\div9.6$	5.82×63.09
$\frac{3}{8}\times4\frac{1}{4}$	$33.6\div9.807$
$2\frac{1}{5}-1\frac{4}{7}$	$99-3.08$
$3\div8$	$3.6\div0.006$

复习基本计算

与利奥相似的学生，其基本运算能力出现了显著差距。基本计算能力与基本计算事实并不相同，因为计算包含的步骤更多（多位数除法），而基本计算事实相对简单（7＋8）。如前文所述，教师在学年初安排全班参加基本计算简单前测（见图 5.10）。学生在合理的时间内不能正确完成所有计算，应被要求制订 1 份练习计划（见图 5.11），并且每隔 2～4 周重新参加测试直到最后通过。在参加测试前，学生必须上交练习日志（见图 5.3），练习日志附注进步情况的图表。从理想的状况而言，学生必须独立完成练习，或者从网络上搜寻自己感兴趣的练习方法。例如，下例为帮助学生回忆多位数除法步骤的口诀。

DMSB——除、乘、减、下移（Divide Multiple Subtract Bring Down）
联想成：植物僵尸必须吸血（Dracula must suck blood. 取每个单词的开头字母）。

研究认为成功教授学习困难学生借助口诀学习计算的两个要点是：提供线索，以及帮助学生组织思路，这也正是口诀的主要作用（Swanson & Deshler，2003）。同样，我们强调学生必须在充分理解概念的前提下才能使用这些诀窍。这样的口诀还很多，甚至还包括完整的说唱音乐。

分散练习

分散练习（分散在一段时间完成）比集中练习（一次完成）的效果好。 目前许多网站提供了计算练习程序，学生可将之作为分散练习材料，网站还提供具有游戏性质与自我纠错功能的练习，如"活力数学"（Math With Pizzazz，Marcy & Marcy，1989）。学生必须先解决数学问题，然后用得出的答案去玩游戏。如果计算结果错误，那么游戏中不会出现该错误答案，以此直接给予学生答案正确与否的反馈。

图 5.11

基本计算的练习计划

前测表明我需要练习：

在合适的项目上画圈：

分数 / 小数的加法

分数 / 小数的减法

分数 / 小数的乘法

分数 / 小数的除法

列出我在哪些步骤上计算困难

_____

_____

_____

_____

_____

_____

我的练习计划（需特别列出网站 / 资源）

_____

_____

_____

_____

_____

_____

检核表

　　检核表能有效帮助学生理解以及组织计算程序，因此运用非常广泛。研究发现，不管单独使用还是与理解策略配合使用，检核表均能显著提高低成就学生的成绩，使其成绩提高到接近同龄人的水平，而且所有学生自我报告喜欢使用这种检核表（Zrebiec Uberti，Mastropieri，& Scruggs，2004）。

　　检核表能为教师备课提供及时的分层处理。例如，当讲授三角形面积时，教师可安排部分学生继续解决有难度的问题，对于尚未记住面积计算步骤的学生提供脚手架支持，即步骤检核表（见图5.12）。在下例学生创建的检核表中，列出了学生在计算三角形面积时常犯的错误类型。当学生逐渐熟悉解答步骤后，他们应该逐渐减少对检核表的依赖与使用。

学生创建的检核表示例

❑ 三角形的类型是什么？如果不是直角三角形，是否知道怎么做？

❑ 三角形面积的计算公式是什么？能否二等分（或乘以1/2）？如果不能，在哪里可找到公式？

❑ 能确定三角形的底边与高吗？

❑ 三角形的高与底边垂直吗？

❑ 能画图吗？（能否看出三角形与正方形或直角三角形的关系？）

❑ 能给三角形命名吗？

❑ 能否证明解答的正确性？

启发法——记住步骤顺序的策略

　　除了检核表，通过启发法记住步骤顺序的策略也能帮助学生。近期研究发现，在所有可显著提高学习障碍学生数学成就的策略中，运用启发法的策略最有效果（Gersten，Chard，Jayanthi，Baker，Morphy，& Flojo，2009）。有学习需要的学生一般在解决数学问题的时候难以同时监控与指导自己的思维（Montague，2007），尤其难以遵循程序步骤。下面的策略为运用启发法的实例，可供全体学生使用，而且可辅助未能从检核表中获得有效帮助的学生。

图 5.12

制作流程步骤的检核单

列出必需的所有步骤（将步骤标记数字顺序并且读给会做该流程的某个人听）：

_____

_____

_____

_____

_____

_____

_____

采用提问方式撰写步骤，以便指导自己的解题过程。

_____

_____

_____

_____

_____

_____

练习检核单的时间和方式。

_____

_____

_____

_____

看—问—选策略

看—问—选（Look-Ask-Pick，LAP）为程序策略，该策略具有一定的启发性质，用于教授学生解决某类数学问题的解题步骤。特斯特与埃利斯（2005）设计了 LAP 策略并证实了其有效性，该策略可帮助学生理解分数加减的必要步骤。

LAP: 分数的加法与减法

看分母（$\frac{1}{2}+\frac{1}{3}$）

问问题：分母相同吗 / 大分母是小分母的倍数吗？（否。）

选分数类型。（6 为公分母）

LAP 的教学步骤包括：

❏ 教师示范策略。

❏ 在教师指导下学生练习步骤，同时学生复述步骤。

❏ 学生单独练习策略。

❏ 学生运用游戏和闪卡结对练习，回忆策略步骤与分数类型。

资料来源：Test & Ellis，2005。

类似策略可张贴在教室里或者制作成过塑卡片放在课桌里。教师在妥善解决学生所需的预备技能以及通过谈论有效运用策略的时间与方法以促进学生认同（buy-in）后，再采用大声思维的方式示范策略，并且确保学生记住了或者能写出每个步骤。通常这种活动安排在进入教室或离开教室的时候。

学生首先使用检核表，将检核表作为策略实施的评估措施，以此询问自己是否正确完成了每个步骤，然后逐渐减少这种支持。当学生继续练习 LAP 策略时，他们可以把大声思考的内容草写下来（根据检核表），这样教师可以观察学生运用每个步骤的方法并且给予反馈。学生写下大声思考的内容对于学生自学非常重要，因为这极为促进学生将策略内化以及在没有直接提示的情况下自觉运用策略。

并不是每个学生都需要学习该策略，所以有些学生不必完成自我指导的学习计划，可以安排这些学生完成独立方案、学习自我纠错的材料（附带答案的练习），或者其他类型的活动。为了强化教学效果，可安排学生向班级其他同学讲授策略。在这种面向全班的活动中，这些学生看到其他同学也选择他们介绍的策略，可以消除他们低人一等的羞耻感。

括号、指数、乘除、加减

括号、指数、乘除、加减法（Parentheses，Exponets，Multiplication and Division，and Addition and Subtraction，缩写为 PEMDAS）是回忆混合计算所需步骤的顺序的口诀。在解决多步骤的计算题目时，PEMDAS（记成"请原谅我亲爱的姨妈萨利"，Please Excuse My Dear Aunt Sally）提示运算的顺序：先括号，然后指数，其次乘除（乘除不分先后），最后加减（加减不分先后）。可以通过如下文字题让学生理解 PEMDAS 所代表的意义：乔纳收到塞夫还来的 25 美元，还有其他三位朋友每人还来的 5 美元。学生立即可以看到在计算 $25 ＋ $5×3 时，如果没有运用 PEMDAS 口诀，可能无法决定计算的正确步骤（参见 Sanjay，2002 的详细解释）。

读题—确定—绘图—检查

默瑟和默瑟（1993）设计的 RIDE（Read Identify Diagram Evaluate）策略，经过调整可广泛用于多种数学问题的解决程序。该策略可用于教授学生解决文字题。对于需要额外帮助的学生，RIDE 的任何单个步骤，例如绘制关系示意图，都可视需要进行详细讲授。可以根据 LAP 中的方法来讲授 RIDE 策略。

读题—确定—绘图—检查

● 仔细读题，放慢速度，读完整题。
● 确定相关信息并做标记。
● 绘制可指引解题方法的示意图。
　 就每个关键信息设计简单符号。
● 检查计算结果，证明答案的合理性。

资料来源：Mercer & Mercer，1993。

学生可依照图 5.13 来记录学习情况以提高策略的学习效果。

设计策略

鼓励学生自行设计策略，以及调整已有策略的某些方面使其最能符合自己的需要。教师常常讲授得太快，学生对前面的策略还未完全内化就又开始学习新策略。根据我的经验，学生在学习策略的最初几年最好每年学习的策略不超过 2～3 个，这可以作为策略教学的首要原则。

埃利斯和伦兹（1996）提出了创设有效策略口诀的关键特征。赫德森与米勒（2006）整理后总结如下：策略应该包含引领解决问题的步骤，步骤应能迁移应用到其他类似问题，策略的每个步骤应以动词开头，每个步骤应尽可能简短。每个步骤中动词的首字母即成为口诀，如 RIDE。

埃利斯和伦兹（1996）认为步骤必须应用循证的学习原则，如确定目标、激发背景知识，或者自我监控。步骤不应该是单个任务的松散拼接，而应该是必要步骤的最小数量集合，而且按照最有效与最全面的方式进行组合。每个步骤都具有必要性，而不是"打开书本"诸如此类的表达。步骤应具有详尽性，即包含对整个步骤的完全分解。成人对计算程序已非常熟练，常常忘了自己在最初学习数学程序时也需谨慎遵循的所有细小步骤，因此他们往往认为这种策略没有效率。埃利斯和伦兹（1996）提供了有用的检核表，用于评价任何策略的潜在效率。

我们将在下章阐述适合数学高成就学生的差异教学。

图 5.13

策略报告单

我使用的策略为：

_____

_____

_____

_____

_____

我按照如下方法使用策略：

_____

_____

_____

_____

_____

使用该策略，我的哪些方面有了提高：

_____

_____

_____

_____

_____

第六章
挑战数学高成就学生 ①

莱斯莉·劳德

数学高成就学生常常渴望智力刺激与挑战。对教师而言，找到或者设计适合数学高成就学生的挑战任务，确实有难度。当这些学生厌倦简单的工作，或因任务太难而心不在焉时，他们常常容易变得情绪化。只有当工作的难度水平正好合适时，他们才会投入学习与享受学习。他们的肢体动作或者口头语言可为教师提供有价值的反馈，教师可以以此作为教学调整与后续教学设计的依据。鉴于当前有关数学高成就学生的教学实证研究较为有限，根据学生的学习反应提供有意义的指导信息可作为教师教学的重要依据。已有研究认为教师为数学高成就学生设计教学活动时必须考虑两个主要因素：免除常规学习任务与发展高级思维（Tieso，2005）。

此外，我经常听到教育实践工作者的反馈，即本章以及前面几章所涉及的策略不仅适用于高成就学生，也适用于其他学生。

根据已有知识或者学习速度免除常规学习任务

为什么允许数学高成就学生免除分配给全班的常规学习任务？有如下两个主要理由。第一，当形成性测验表明某个学生已经掌握了所学知识时，那么他应该被免除部分或全部的练习任务。第二，虽然某些学生之前并未接触特定数

---

① 本文选自莱斯莉·劳德著：*Using Formative Assesment to Differentiate Mathematics Instruction, Grades 4-10:Seven Practices to Maximite Learning*，科文书社。

学内容，因此他们在前测中并未显示出已经掌握的迹象，但是他们对该部分内容的学习速度非常快。他们掌握新知识的速度远快于同龄人，而且他们需要的重复练习远少于同龄人，就能达到同样的数学掌握水平。因此，他们应该免除常规的数学练习任务。

　　然而，满足第二类数学高成就学生的需要意味着教师的教学要能适应不同的学习速度，这对教师教学的灵活性提出了更高要求，也就意味着在课堂教学开展到一半的时候，某些学生已经明显掌握了所学主题，因此他们的学习速度快于其他同学。从理想的状况而言，教师应对此早有预计，并且提前准备了相应的替代活动。然而，也有突如其来的时候。因此，教师应在手头准备内含挑战任务的备用文件夹，尽管备用文件夹较少使用，但这能帮助教师应付突发状况。有挑战的学习任务不应该是额外的工作，而应为取代非必要练习的替代任务。当学生在做完一半的练习后明显显示出已经掌握概念的迹象时，应安排他们做有挑战的学习任务，以取代非必要的练习。有挑战的学习任务应被视为替代任务而非额外工作。

　　戴尔西摩出版社（Dale Seymour）出版了优秀的数学挑战材料，可做此用途。《中学数学教学》（*Mathematics Teaching in the Middle School*）期刊也经常刊登优秀的数学挑战任务，教师可将之复印和保存。此外，这些学生可参加数学竞赛，从全美初中数学竞赛（Math Counts）与数学奥林匹克竞赛（Math Olympiads）等资源中寻找有挑战的数学问题也是不错的主意。然而，针对有数学天赋的学生的方案常常被批评只提供了补充性质的拓展学习。拓展学习如果在内容范围与前后顺序上与班级教学课程内容更具关联性，其实会更受欢迎，我们将在本章进行详细阐述。以上的建议仅适用于出现意外状况的时候，即学生已经掌握了所学内容但因等待其他同学的学习速度而出现了注意力分散的状况。

即时拓展策略

　　正如前文所述，教师可以准备包含拓展活动的文件夹，以应付某些学生已经掌握了所学知识而其他学生还未掌握的意外状况。我们极力推荐教师提供即时拓展，即请较快完成任务的学生就当前的工作回答如下问题：

- 你能用另外的方法解决这个问题吗？
- 设计并解释解决该问题的新计算方法。
- 描述解决该问题的多种方法，找出其中最有效的方法并解释理由。

这些即时拓展活动可以张贴在教室里。一旦有学生宣布"我做完了"，教师即可指出后续的工作选择，这样班级氛围从学生依赖教师安排拓展活动转变为学生自己寻找拓展活动的地方与方法。

课程压缩

课程压缩策略用于免除学生的常规练习（Winebrenner，2001）。在该策略中，作业直接被压缩了。教师根据前测结果，允许部分学生只需要完成替代问题或者课本中的最后一题（最后一题通常为巩固练习所用但也难度最高）。教师需要不断做判断以决定每个数学高成就学生需要练习的准确数量，因为这些数学高成就学生也需要一定的练习，尽管其练习的数量少于其他同学。数学高成就学生是多样化的，因此他们的练习量因人而异。教师应清楚意识到这个事实，即数学高成就学生有时似乎理解了概念，但是他们只有通过一定练习后方能真正掌握。此外，当教师在课堂教学进程中认识到某些学生应该加快学习速度时，可以快速压缩课程，减少这部分学生需完成的问题数量。根据经验，教师最好在学生的页面或者课本上做上标记，以免教师忘记了分配了哪些问题给学生。

共同制定学习合同

当前测显示学生已经掌握了新单元的大部分内容时，教师与这些学生一起制定学习合同也是不错的做法（见图6.1）。学生在精心指导下能顺利完成学习合同。学生在参加前测后可以在家完成学习，然后他们在上学或放学时或者其他方便时间来找教师商讨学习计划。教师在提议学生完成其他学习任务时，可附上一份与单元主题相关的方案与问题供学生参考。

图 6.1

数学学习合同

总结前测中已经掌握的学习内容：

_____

_____

_____

我需要学习：

_____

_____

_____

我的学习计划：

_____

_____

_____

对于我已经掌握的学习内容，我的替代学习活动是：

_____

_____

_____

相关的平行课程

对于已经掌握了单元概念的学生，也可以在该单元教学期间学习相关的平行课程主题。该策略适合能从更结构化的教学中获益的学生。在前测时，可从平行课程中选择测验内容以确认学生还未接触平行课程的主题。例如，下例中的绝对值题目可以加入整数前测的结尾部分。如有学生前测成绩很好但是没有通过附加的题目，鉴于他们已经掌握的单元内容，那他们不必参与常规的班级学习而代之以平行课程内容（见图 6.2）。

图 6.2

整数单元的平行课程

请判断下列表述是否正确。请对你的判断做出解释。

1. 如果 $x < 0$ 且 $y > 0$，那么 $x - y > 0$

2. 如果 $x > 0$ 且 $y > 0$，那么 $x + y > 0$

3. 如果 $x < 0$ 且 $y < 0$，那么 $x - y > 0$

4. 如果 $x < 0$ 且 $y < 0$，那么 $x + y > 0$

5. 如果 $x < y$，那么 $x - y > 0$

6. 如果 $x > y$，那么 $x - y > 0$

7. 如果 $x > 0$ 且 $y < 0$，那么 $x - y > 0$

8. 如果 $x < 0$ 且 $y < 0$，且 $x - y > 0$，那么 $|x + y| > 0$

9. 如果 $x < 0$，那么 $-(-x)$ 是正数

10. 如果 x、y 都是负整数，那么 $x + y$ 是负数

11. 如果 x、y 都是正整数，那么 $|x + y| = |x| + |y|$

12. 如果 x、y 都是整数且 $x + 2 > y + 2$，那么 $|x| > |y|$

13. 如果 x、y 都是整数且 $5 - x < 5 - y$，那么 $|x| < |y|$

14. 如果 $(x) + (-y)$ 是正整数，那么 $|x| > |y|$

发展高级数学思维

数学高成就学生已经掌握了所学知识或者学习速度快于同龄人，因此他们应该把剩余的时间用于发展高级的数学思维，这种较高挑战的任务应该被当成拓展工作或者替代任务，而非额外工作。前面的章节已经介绍了多种拓展课程的方法，然而，某些学生所需要的拓展内容远不止如此。他们的学习与同龄人存在质的差异，他们需要有机会发展高级数学思维能力。虽然每个高成就学生特点各异，但是他们具有某些相同的认知特质。从数学高成就学生的共同特质出发，有助于教师的教学设计。

研究者提出了不同的模式来划分数学超常中学生的数学思维特点。例如，塞克（Sak, 2009）提出了数学超常学生的三种类型：知识专家型、创造型与分

析型。知识专家型学生拥有超常的记忆能力与常规问题解决能力。创造型学生拥有敏锐的直觉或归纳推理能力，善于运用新颖的方法来创造新知识。分析型学生拥有超常的逻辑推理或证明能力，善于复演知识。

该类型划分结构有助于指导教师创设适合学生数学优势的拓展学习。例如，知识专家型学生可能最能得益于加速学习课程。创造型学生可能喜欢设计新的算法。此外，如果学生在某个领域拥有优势，教师可能希望发展其在其他领域的优势。

另外，对数学高成就学生的分析认为这些数学超常学生具备共同的特质（Greenes，1981），具体如下：

- 自发的问题形成意识
- 灵活的数据处理能力
- 思维的流畅性
- 数据整理能力
- 理解的独创性
- 思维的迁移能力
- 归纳推理能力

卡罗尔·蒂尔索（Carol Tieso，2005）对数学超常学生的研究提供了教授高级数学思维能力的具体方法。在该研究中，学生按照同等水平结成小组，教学材料为来自日常生活的复杂难题（如下例），而不是那些重复性、难度较小的教学材料，因此面向数学超常学生的材料的难度远远高于常规课堂教学。该研究设置了一个单元教学环节，学习材料选自一篇新闻报道，内容为如何使用棒球比赛数据来推进个人赛程（private agendas）。这种将单元主题与真实生活的复杂性相关联的做法值得学习。如图 6.3 所示，该活动可作为整数单元的拓展学习。该例展示了大家以为只用来说明收入与支出的财务报表可以进行怎样复杂的操作处理。这种任务并不适于所有数学超常学生，仅是针对那些寻求极高挑战任务的超常学生。

教师可参考以下因素来设计与评价拓展资源：

- 该活动是否为开放性任务或者允许多种解决办法？

- 是否需要运用抽象思维能力?

- 是否可促进学生发明或设计新颖的方法来解决问题?

- 是否允许推理的灵活性?

- 是否允许学生深入思考问题的方法、理由以及不这样做的理由?

- 是否具有探究性?

图 6.3

整数拓展学习

找出距离最远的两个数字：5、–2、–9、11、15

_____

下列表达在什么条件下成立？请说出理由。

$|x| + x = 2x$

$|x| + (-x) = $ 负数

_____

如果你在数字线上找任意一点标注为 x，那么该点左边的数字都小于 x。

_____

列方程：

一只蜗牛每天往树上爬 3 英尺，然后滑下来 2 英尺。请问它需要多少天才能爬上树梢？

_____

选做其中一道题：

1. 数字 5 看起来像什么？请不用实物来解释。负数 5 看起来像什么？如果用实物解释上述两个数字，哪个更容易？

2. 在面积题中，如果采用负数测量将无法解答。如果用负数你会怎么做？边长为 8×（–2）的直角三角形会是什么样？如果鞋盒的边长为负数会是什么样？请绘图并解释你的答案。

3. 我们现在知道存在两种整数：正整数与负整数。你能发明第三种整数吗？请解释你的发明并且举例说明该数字系统的运作方式。

_____

请完成下题会计的整数难题。

真实生活中的整数运用：一池浑水

投资者将资金投入商家的目的在于分享其赢利，因此商家采用整数来向投资者报告盈亏。显然，对商家而言，展示自己的丰厚利润可以吸引投资者。然而，近年来商家采用复杂的报表使公司的财务状况显得比实际情况更具赢利性。

在 21 世纪初，商家使用这些报表伎俩使得商家在收购上的花销看起来少些。同理，过去所谓"报价单"中采用的数字伎俩，目的就是将负数从报告单中排除。此外，如材料等有形花销必须报告，如股票（提供给雇员在未来以较低价格购买公司股份的机会）或者在内部开发计算机程序以提高公司效率的费用等无形花销可以隐匿。上述财务状况采用非常复杂的报表方式，并且极容易被隐瞒。

财务收支表样本			
日期	交易	价格	净余额
2002.3.5	400 台空调 *	-$4,000*	$96,000
2002.3.12	雇员股份购置 **	0**	$96,000
2002.3.20	市场研究资金	-$1,000	$96,000
2002.3.28	收到 500 台空调	-$5,000	$96,000
2002.3.29	柯斌购买空调（下个月支付）***	$10,000***	$106,000
2002.3.30	预期收回的亏损	-$20,000	$106,000

* 如果重新出售的市场价值——实际价值为每台空调 $250。

** 该项交易的总金额为 $20000，即从现在开始两年内的实际支付额。

*** 该项销售没有实际发生。

公司报表在主要的财务收支表上直接显示亏盈，但是许多不太有形的项目可能隐藏在脚注或者在资产负债表中，因而使得财务收支表上的数据立刻符合公司的利益。例如，资产负债表中的"特殊目的实体"选项，可能用于资助研究与发展，或者可能用于隐藏公司承担的风险。公司常用的另一个伎俩是将调拨资金的购买事项不作为债务标记在收支表中，即使公司已经接受了所购买的物资。公司也可能将预售但未实际发生的事项标记为赢利。

成百上千的财务报表隐藏着这些漏洞，或者过于详细，或者容易规避。在 20 世纪 60 年代以前，财务报表规则遵循主要的原则，非常简单。然而随着众多诉讼案件的出现，会计事务所要求更加详细的报表，这一做法得到了法律的支持。

这些法案一般由私立的、由会计人员组成的机构所制定，而在欧洲，由政府制定标准，即提供真实、公平的最终财务收支表原则推翻了提供巨细无比的信息的规则。当新规则筹备之际，商家纷纷向制定者游说和提供资金，迫使制定者按照商家的意愿行事。当制定者需要资金时有可能妥协让步。

针对上述弊端，有人提出了改善措施，其中包括提供其他渠道的资金，如由美国财政部向相关机构提供资金，以使会计规则不易被捐赠者的利益所左右。全世界也着力预防资产债务表采用伎俩，同时促使商家更多地公开无形的盈亏情况，比如公司必须写明能预期收回的亏损。这些努力可能会有效，但是如果要预防过去已经发生的问题，商家必须更加透明地公开其财务状况。

本文是对《急需修补》一文的摘要，该文发表在 2002 年 3 月 2 日的《经济家》上，当时会计问题成为了新闻热点。自此，越来越多的措施致力于保护投资者的利益。你会推荐哪些办法以保证商家的财政报表更加清晰与准确？请针对文中提出的问题，提供至少三条建议，然后从中选择你认为效果最佳的一条建议并解释理由。

应避免的策略

数学高成就学生被当成专设的同伴辅导人员，或者要求他们在发展高级数学思维之前先掌握基本技能，上述做法虽鲜有研究支持但却在教学实践中常常使用。尽管同伴辅导模式有教师的精心设计与支持，并且运用的场合与时间有限，确实有其自身的价值，但是如果教师总是要求提前完成任务的高成就学生向其他同学解释主题，这种做法并不能向高成就学生提供他们所需的智力挑战。而且，学生具有优异的数学高级思维能力，有时可能却没有掌握基本计算事实，正如本章前文所述，超常的数学能力可能有多种表现。高成就学生不应该等到掌握了基本事实后才接触高级数学思维的课程，应该运用前文所描述的各种策略，使其在课外发展高级数学思维能力。

挑战的重要性

人们认为不管教师是否竭力提供了挑战性学习任务，数学高成就学生总会脱颖而出，有时确实如此。但是研究发现，优质的教学与课程能极大地促进数学高成就学生的发展（Tieso，2005）。该研究（Tieso，2005）强调，如果教学不适应学生的能力水平，那么学生完全有可能因烦躁无聊以及心不在焉的学习状态而导致成就水平降低。而且，由于数学通常对这些学生而言过于简单、容易，他们往往缺乏坚持不懈的毅力，而他们的毅力只有在应迎接有挑战的学习任务时方能得到发展。因此，他们需要频繁的机会认真投入真正的数学挑战中，这样当他们达到更高的成就水平时方能拥有强大的内心以保持毅力。

当教师向数学高成就学生分配了富有挑战的学习任务时，教师惊讶地发现这些学生常常需要教师的帮助，如提示之类的脚手架（参见 www.nrich.org 网站，该网站提供了每个解答问题的优秀"脚手架"）。教师不应假设高成就学生总会主动选择最富挑战性的任务，相反，他们常常需要有人督促他们选择更富挑战性的任务以及督促他们保持较高的成果标准。为了帮助高成就学生坚持不懈地完成更富挑战性的任务，教师必须提高"脚手架"的支持，如给予解决问题的方法并且教导他们从答案倒溯解题方法。教师应长期致力于营造一种学习氛围，即高成就学生通常需要完成有挑战性的任务，并且他们从一开始就能得到教师的指导与支持，这才是根本要义。对于有数学天赋的学生而言，如果他们习惯了轻而易举就能大获全胜的数学课堂，那么他们有可能不愿意立即接受有挑战性的任务。发展数学高成就学生的高级思维能力，培养他们坚持不懈、独立完成挑战的能力，这是教师能给予他们的最富有长远价值的礼物。

第七章
数学干预综述 ①

保罗·里克米尼，布拉德利·S·威策尔

在 RTI 框架下开展数学干预可以积极促进学生的学习。选择适宜的干预方案以及有智慧地实施干预以达到理想效果，这点非常重要。如果精心设计了数学干预但实施时间不合适，那么干预效果不成功必须归结于 RTI 而非学生。如果我们认为二级、三级的干预时间仅限于完成家庭作业或者额外的独立练习，那么 RTI 只会浪费时间。如果选择了低效的课程或者教师缺乏充分准备乃至对 RTI 知之甚少，那么 RTI 也是浪费时间。更准确地说，教学与干预都不可能发挥真正功效。

全美数学咨询专家小组（NMAP）建议数学教育者需具备坚实的教学知识与能力。

每天实施的数学干预应该采用系统、清晰与基于研究的教学与课程，不仅需要调整以适应每个学生特定的薄弱领域，而且还需进行持续测验与监控进展。当把学生安置在二级、三级干预的小组时，教学干预的密集程度也随之提高，即学生所在的干预层级越高，小组规模越小，以便最大限度地满足每个学生的个别需要。为了提高师生互动、个别反馈的频率以及便于实施非正式测验，教师可采取两人一组或者单个学生的教学组织形式。降低小组规模可提高课程内容调整的便捷性。

例如，在 25 人的班级中，教师可能花费大量精力与时间以确保每个学生学习同一页教材、完成同样的任务。当小部分学生没有跟上班级进度或者难以跟

---

① 本文选自保罗·里克米尼，布拉德利·S·威策尔著：*Response to Intervention in Math*，科文书社。

进时，教师既要发现少数学生的错误并做出立即调整，与此同时还需保持班级其他学生的正常学习进度，这很难做到。在由 6 名学生组成的二级干预教学中，教师更容易观察到特定学生的困难，并立即进行教学调整，以保障学生掌握所学技能。在三级干预中，班级与小组规模进一步缩小，教师可以根据每个学生当前的特殊需要设计个别化的课程、教学与测验。

自美国政府白皮书第一次支持 RTI 以及于 2004 年颁布了残疾人教育法（IDEA）以来，数学干预研究近年来有了蓬勃发展。某些研究项目声称为有效的二级干预，而另一些研究声称对一级的所有学生有效。鉴于研究结果的多样性，本章所引用的研究分为两种：其一，支持全班课程与针对数学困难学生教学的研究为一级教学；其二，关注小组课程与教学的研究为干预研究。本章关注的焦点为采用高度有效的干预方法以预防学生接受学习障碍的鉴定。三级干预被视为更集中的干预措施。因为 RTI 的核心在于预防障碍，所以本章探讨的 RTI 并不涉及替代毕业课程、非学历课程、半工半读方案。

谁需要干预？

在谁需要数学干预的问题上，我们必须考虑相关因素。许多人认为数学学习困难群体来自低社会经济地位（SES）学生、女生、记忆困难或者多动的学生。事实上，每个人都一度会在数学学习上遇到困难。相比其他课程，数学复杂程度高而且难度与要求随年级增长，因此教学根据筛查数据做出相应的个别化调整十分重要。此外还应考虑学习困难学生的年级。如果学前班或者二年级的学生数学课程出现困难，那么干预急需开展。因为早期的数学概念薄弱会影响后续的数学学习。低年级的数学困难学生需要立即、有效的干预，使其为未来的学业做好坚实准备。尽管低年级的数学干预十分重要，但并不意味着可以忽视小学高年级乃至中学生的干预需要。其实，随着学生的年级增长，数学困难的状况越来越复杂，因而需要更加复杂与密集的干预。

干预中教什么？

一些成套测验有助于准确发现学生的薄弱之处。确定准确的干预内容是干预成功的关键。有些成套测验能详细描述干预内容，但是有些却无法提供准确信息。只能提供百分比或者等级的成套测验仅能告诉我们谁应该接受干预，但是无法指导我们应该干预什么。

数学干预研究中的前测一般涉及如下领域，数感、计算、分数 / 小数 / 比例、代数、问题解决。数学困难学生早期的表现为难以理解数概念和完成相应的任务，如数数、数量、数字—数词辨认、十进位制与位值、流畅的计算策略。数学出现持续困难的学生需要分数、计算与问题解决方面的干预。如果数学困难延续到中学，干预内容会包括代数概念，例如解方程，此外，分数、小数、比例与负数运算的干预也很重要。

谁来实施干预？

在学校实施数学干预的人员可能是普通教师、特教教师、数学辅导教师、数学督导乃至助教（Gersten et al.，2009）。不管由谁承担干预的实施，都必须接受严格的专业培训，包括干预课程、有效教学，以及向教学提供最佳信息的测量程序。此外，干预人员必须掌握学生当前所在年级在内的前后至少三个年级的课程内容知识，以提高干预目标的适宜性，并且保障干预目标能帮助学生达到所在年级的课程水平。

"学生的数学成就差距可归结为教师教学的差异。教师对于学生的数学学习机会与数学学习结果至关重要。"

——全美数学咨询专家小组（2008）

在哪里干预？

　　干预需要在免受干扰的场所中进行。教师应该创设合适的场所，以确保有注意力障碍或者同伴压力感的学生能将注意力锁定在自己的学习上而少去关心他人的行为。例如，挨着操场的休息室，每天下午两百多个孩子在外面打球喧闹，这就不适合做干预场所。特殊教育走过了二十年的历程才将特殊教育教室改变成至少和学校其他教室没有太大差异的场所。重新开放清洁间用作干预是可行的做法。与其寻找便利的场所，不如寻找学生学习最有效的地方。尽管六名学生和一名老师能挤进之前用作书本间的房间，但是这并不是利于学习的地方。干预的最佳场所应具有以下特征：免受干扰、便于操作与展示符合干预目标的计算机技术，而且拥有足够大的空间以方便必要的分组学习、身体活动与人际互动。图 7.1 选自 IRIS 中心[①]（未注明日期）的座位安排实例。

干预持续多久？

　　干预必须每周 4～5 天，每天至少 20 分钟。大量持续多年的研究表明增加干预时间能显著提高学生的成就（Ellis，Worthington，& Larkin，1994）。尽管没有绝对的时间参考值，我们建议设置干预时间时必须考虑学生的起始点，而且干预时间必须增加。学生的注意力持续时间、教学的具体实施可能会造成实际干预时间的变化。有些针对中学生的数学干预被预先设定为 50 分钟。只要教师确保干预期间多样的学习活动、频繁的师生互动以帮助学生保持注意力，50 分钟的干预时间也没问题。干预必须持续进行，直到学生达到年级学业标准或者学生经测验表明需要更为集中的教学。

　　究竟什么类型的教学具有最佳的干预效果呢？

[①] IRIS 中心为设于美国范德堡大学皮博迪学院的国家级研究机构，致力于面向所有孩子（尤其是 0～21 岁残疾者）提供有效循证实践与干预。——译者注

教学实践必须基于高质量的研究，而且在可能的情况下还需依据熟手型教师的专业判断与经验。高质量的研究并没有绝对支持"以学生为中心"的观点或者"以教师为中心"的观点。然而，研究表明特定的教学实践在特定的条件下具有积极的教学效果（全美数学咨询专家小组，2008，p.11）。

图 7.1 班级教学与小组干预的座位安排实例

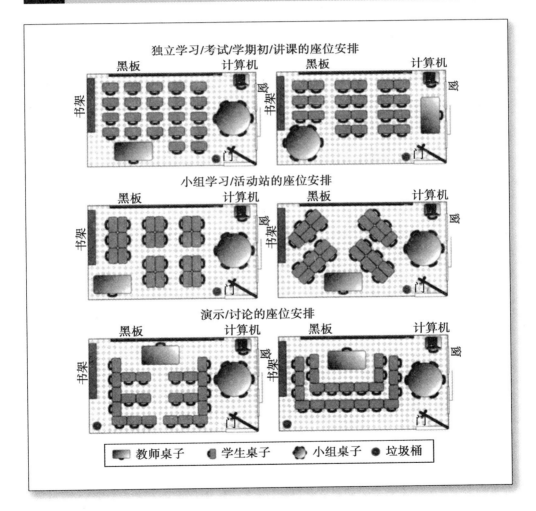

数学困难学生需要清晰、系统的教学（Gersten et al.，2009），这是任何一个

层次的数学干预教学所必须具备的特质。不同干预层次的教学不尽相同，因此不同干预层次所设定的时间等于提供了额外的课堂教学机会。格斯滕与同事建议教育者运用额外的时间向学生提供补充练习，通过清晰的实例与示范提供更多的师生互动、更详细的反馈，更频繁与多样地使用大声思维。我们建议教师在一级教学中使用大声思维，在二级教学中大声思维会运用得更为广泛。不仅教师必须运用大声思维，而且学生也必须使用。口头表达思考过程与内在理解的做法长久以来已被研究证实了其实效性，对于学习障碍学生尤为有效（Baker，Gersten，Scanlon，2002）。

针对不熟悉大声思考过程的学生，教师可以示范如何大声思考，虽然该方法稍显笨拙，但却极其有效，对于尚未获得问题解决方法的学生而言尤为有效。因此，教师有必要学习这个技能。教师实施大声思考时需要记住以下几点：第一，需要制定解决问题的清晰、简单的步骤（希望其他问题也如此容易分解）。第二，最好自己先提前演练至少一遍大声说出该问题的全部步骤，学生需要完整地看到用大声思考方式解决问题的全过程。为了帮助学生能模仿大声思考的问题解决步骤，应该根据学生的情况安排个人或小组的教学活动，给学生提供脚手架。第三，安排练习以帮助学生给步骤命名并且准确、独立地大声思考，说出问题解决步骤。

在图 7.2 中，教师分步骤示范不用重组进行减法运算的整数分解方法。除了念题目，教师一边说出推理过程，一边书写在黑板上，这样做很重要。教师采用大声思维示范问题解决过程后，接下来必须要求学生重复思维过程。这样虽然会占用教学时间，但是这种互动对于有记忆困难的学生而言非常有意义。

为了提高课堂互动频率，教师可以运用一些简单但先进的技术来增进学生课堂学习的参与程度。交互式电子白板是近来课堂教学运用的技术之一。交互式电子白板或者其他交互式白板技术支持学生以两种形式输入信息。学生在便携式键区回答多项选择问题，或者他们直接写在可将信息传输到白板的便携式记事本上。有人认为开放式讨论会伤害学生的感情，继而瓦解学生努力工作的意愿。相反，我们认为如果运用得当，讨论学生的学习可使其得到其他同学清晰的解释。相比教师的反馈意见，学生很多时候比较能接受来自同伴的反馈意见。学生应被教授如何提供建设性与支持性的反馈意见。

图 7.2　师生运用整数分解法解决问题的分步骤实例

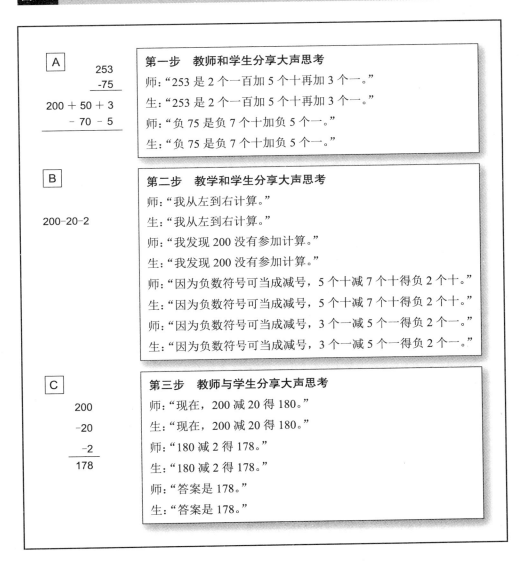

随着对同伴互动与适宜的同伴反馈的重视，同伴协助的学习策略（peer-assisted learning strategies，PALS）在数学与阅读领域的运用非常成功。富奇、

富奇与卡恩（2001）经研究发现该策略成功运用于学前班不同成就水平的学生。PALS 要求成就水平略有差异的两名学生结对进行学习活动，每周 3 ～ 4 次，每次 30 分钟。如果班级的学生人数为奇数，则考虑三人一组的灵活分组方式。干预内容为学生练习已经教过的内容。每组学生的成员轮流分别扮演教练与学生的角色。此外，对组内的每个学生都要进行进展监控。了解更多的 PALS 数学研究可以访问网站 http://kc.vanderbilt.edu/pals/library/mathres.html。

怎样组织课程？

测验必须向教师或主试提供有关学生学习的清晰信息，即说明学生缺乏哪一方面知识或能力致使其在普通课程学习中遭遇了困难。教师在了解主要的测验结果后，需要设计课程步骤来帮助学生实现目标。任务分析法是一种分解教学的方法。任务分析法长久以来就被用来把复杂又困难的任务分解为合理的、呈序列的、具有学习意义的小片段（Witzel & Riccomini，2007）。在特殊教育领域，任务分析法用于培养特殊人群的生活与工作技能。教师从学生必须学习的任务序列的第一小步开始教学。各年级的数学课程教学也可以采用任务分析的方法。两位数的加减法是二年级数学课程标准内容，学生不仅必须掌握加减法的计算事实，而且还需知道加减法的推理与位值概念，方能具备重组与借位的基础。为了实现两位数加减法的最佳教学，教师需要运用任务分析法分析该课程标准，以确保学生具备了学习基础以及适宜教授所有的预备技能。在一级教学中，有些教师鉴于提前设置的教学进度不允许增加教学时间或改变教学要求，所以决定不采用任务分析法将课程分解成细小的步骤。但是，二级、三级教学可提供更多的教学时间，并且许多干预课程并没有严格遵守教学进度，因此教师更有可能采用任务分析法将课程分解为"婴儿步骤"，以最佳满足困难学生的学习需要。

OPTIMIZE 方法可帮助教师与课程分析人员采取任务分析法将课程分析得更加准确，以达到理想的结果，满足学生的需要（Riccomini，Witzel，& Riccomini，in press；Witzel & Riccomini，2007）。OPTIMIZE 方法的八个步骤可以帮助教师检查与修改当前的课程以填补空隙或者减少非必要的螺旋式活动。
OPTIMIZE 方法的步骤如下：

　　1. O——在教学前整理教材各章所包含的数学技能。

　　2. P——把你自己整理的顺序与教材的顺序相匹配。

　　3. T——标注相同点与不同点。

　　4. I——检查前面的章节与后续的章节以确认是否不同。

　　5. M——比较补充材料以确认是否涵盖了不同之处。

　　6. I——确认额外的教学能保证现有课本或课程的完整性。

　　7. Z——运用新获得的知识调整最佳的教学顺序。

　　8. E——每年评价与改进课程顺序。

表 7.1　代数一章运用 OPTIMIZE 组织的教学顺序		
教材中该章的顺序	**其他教材**	**新教学顺序**
1. 比较数字线上的数字。	1. 在数字线上排列实数。	1. 整数知识的前测
2. 在数字线上进行整数加法运算。	2. 正加数的整数加法运算。	2. 整数的排序
3. 在数字线上进行整数减法运算。	3. 正、负加数的整数加减运算。	3. 在数字线上进行整数加法运算
4. 矩阵的加减计算	4. 正整数的乘除运算	4. 在数字线上进行整数的加减运算
5. 整数乘法	5. 两个负数或正数的乘除运算。	5. 正、负数的概念与原理
6. 运用属性分配简化乘法表达	6. 日常数学问题解决	6. 整数的乘除运算
7. 将实数分解成简化的表达		7. 属性分配的运用与表达
8. 事件概率问题解决		备注：该单元包括日常数学问题解决与每章各个相连技能的学习。

　　表 7.1 呈现了运用 OPTIMIZE 组织课程的实例。下面以二级干预教学为例再阐述 OPTIMIZE 的实际运用。该例中，亨特夫人向一组学生讲授上文所述的两位数加减法。亨特夫人查看了整本教材，注意到教材中含有诸如空间关系、认识时间等与加减法无关的技能。这些与加减法无关的技能都是重要的主题，可以作为教授加减法技能的工具而非作为独立的课程内容。此外，这本教材数

次重复安排了加减法的内容。亨特夫人查看了另一本教材，她发现其中较少包含与加减法无关的数学技能，但是也缺少如计算事实群集等内容。因此，亨特夫人没有采取只选择某一本教材的做法，而是用任务分析法分析了与两位数加减法直接相关的预备数学技能序列。她在二级教学时还需测评每个学生，以更好地了解每个学生当前掌握了哪些预备技能，以便决定教学的起点。

二级、三级干预中应该运用哪种课程策略？

二级、三级教学中可有多种教学方法用于呈现课程。尽管该方面的研究尚处于起步阶段，但是当前的研究足以初步支持某些干预策略。具有研究支持与证据支持的方法包括：文字题的明示教学（explicit instruction）（Wilson & Sindelar，19991）、计算的明示教学（Tournaki，2003）、文字题的视觉表征（Owen & Fuchs，2002）、文字题的基于图示的问题解决（Xin，Jitendra，& Deatline-Buchman，2005）、具体—半具体—抽象（CRA）的分数教学顺序（Bulter，Miller，Crehan，Babbitt，& Pierce，2003）、几何（Witzel，2005；Witzel，Mercer，& Miller，2003）与计算（Miller & Mercer，1993）、分数计算的元认知教学策略（Hutchinson，1993）。此外，对近三十年数学干预研究的元分析中，贝克、格斯滕、李（2002）的研究、全美数学咨询专家小组（2008）与 RTI 数学实践指导小组（Gersten et al.，2009）均支持上述的教学及课程干预策略。

多项研究均认为视觉与具体表征必须纳入教学中，我们应该重视这一研究启示。CRA 与视觉表征是讲授复杂任务的极为重要的策略。全美数学咨询专家小组（2008）与 RTI 数学实践指导小组（Gersten et al.，2009）都认可 CRA 的显著效应，因而支持 CRA 在数学教学中的应用。CRA 为三阶段的学习过程，学生从操作具体实物开始学习（见图 7.3），然后，学生采用图像表征，按照相同的步骤解决问题，最后，学生采用抽象的或数字的符号，按照相同的步骤解决问题。学生解决问题时遵循相同的步骤非常重要，这样有助于学生掌握问题解决的程序。

如果教师觉得很难找到符合 CRA 原理的数学教具，那么可以从美国视觉教具图书馆（National Library of Virtual Manipulatives，NLVM）寻找合适的数学教具（见图 7.4）。教师在该图书馆能查阅到适合每个数学领域及每个年级水平的数学教具。教师查找到合适的教具后获取教具，开展符合 CRA 顺序的数学教学活动。

图 7.3　具体—半具体—抽象（CRA）的教学顺序

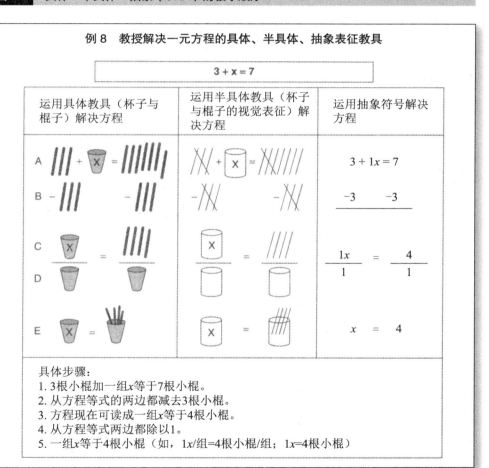

例 8　教授解决一元方程的具体、半具体、抽象表征教具

$$3 + x = 7$$

具体步骤：
1. 3 根小棍加一组 x 等于 7 根小棍。
2. 从方程等式的两边都减去 3 根小棍。
3. 方程现在可读成一组 x 等于 4 根小棍。
4. 从方程等式两边都除以 1。
5. 一组 x 等于 4 根小棍（如，1x/组=4 根小棍/组；1x=4 根小棍）

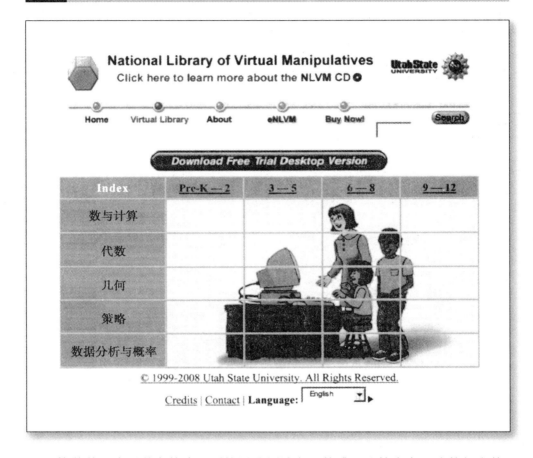

图 7.4　美国视觉教具图书馆（NLVM）的教具网页一览

　　数学学习障碍学生普遍遇到的困难领域有：数感、计算事实、分数与小数、问题解决，书中结合上述各领域内容阐述了课程策略的运用。

小结

　　如果学生在数学学习上频繁遭遇困难，那么他们应该接受不同的教学模式。有效遏制学生数学成绩的下滑依赖于以下几个重要因素：知识渊博的干预人员、循证的课程设置、对薄弱之处的明示教学直至学生掌握。当测验数据显示学生数学学习出现了成功迹象或者需要更为集中的干预时，干预方能停止。虽然有多种干预方案待选，但教师必须根据课程的研究支持基础与必要的教学实践来选择干预方案。

数学干预与方案清单

同伴辅助学习策略：http://kc.vanderbilt.edu/pals

同伴辅助阅读学习策略与同伴辅助数学学习策略有助于适应学生的多样化以及提高学生的学业成就。同伴辅助学习策略被约翰·霍普斯金大学的百科全书（Best Evidence Encyclopedia，BEE）网站评为具有最强研究证据支持的数学方案之一。有效教学策略网认为同伴辅助学习策略教学方案可显著提高小学阶段 ELL 学生的阅读成就。

Hot Math：数学问题解决方案

Hot Math 目前已有教学手册面世，内容包括五个单元的教学方案设计与必备资源（如海报、精选的数学问题、课堂练习、答案、家庭作业、个人进展统计表、班级进展统计表）。请联系 flora.murray@vanderbilt.edu 获取有关 Hot Math 以及一级、二级干预的详细信息。

奥特克里克学会：http://www.oci–sems.com

该学会提供高质量的培训与优质资源，旨在提高美国教师的教学质量与学生的学业成就。针对数字书写、数学事实掌握与问题解决策略提供了教学干预方案。

Voyageur Learning–VMath：http://www.voyagerlearning.com/vmath/index.jsp

许多学生需要额外支持以顺利学习数学与通过重要考试。该方案采用平衡、系统的方式，结合书面材料、坚实的评估，通过在线技术教授关键知识与技能，以培养充满自信、独立的数学学习者。

分数计算：小学与初中数学干预，http://www.pearsonhighered.com/educator

该数学干预方案基于 CRA 教学顺序设计，包含 30 节教学单元以及前测、后测，以检测教学效果。研究结果支持该干预方案所采用的教学顺序，即教师首先采用分数的具体操作实物，然后图像表征，最后抽象表征，提供面向全班或小组的教学。

整数计算：小学与初中数学干预方案，http://www.pearsonhighered.com/educator

该数学干预方案基于 CRA 教学顺序设计，包含 30 节教学单元以及前测、后测，以检测教学效果。研究结果支持该干预方案所采用的教学顺序，即教师首先采用正整数、负整数的具体操作实物，然后图像表征，最后抽象表征，提供面向全班或小组的教学。

简单方程的计算：初中数学干预，http://www.pearsonhighered.com/educator

该数学干预方案基于 CRA 教学顺序设计，包含 30 节教学单元以及前测、后测，以检测教学效果。研究结果支持该干预方案所采用的教学顺序，即教师首先采用具体操作实物，然后图像表征，最后抽象表征，提供面向全班或小组的教学。

核心方案：代数准备，http://www.sraonline.com

SRA 代数准备方案中的代数 I 面向二年级及以上的学生讲授核心概念，以使学生掌握初级代数的概念与技能。代数 I 采取螺旋式课程设计以确保学生的学习成功。

核心数学方案：撒克逊数学方案，www.harcourtachieve.com

撒克逊数学方案结合了教师直接教授新材料、每天分散练习已学的知识与程序这两种方法。学生能聆听正确的答案，并被明确教授程序与策略。该方案的关键特征还包括频繁监控学生的学习结果、每天安排大量的例行练习，以强调数概念、程序与表征的运用。

核心数学方案：数学表达，http://www.hmco.com/indexf.html

数学表达方案结合了学生中心与教师指导这两种方法。学生提出数学问题并进行讨论，然后由教师明确教授有效的解答程序。该方案强调使用多种特定的教具、画图与语言来表征概念，并且强调通过真实数学情境来学习。该方案要求学生具备解释与判断解决方案的能力。

解决数学文字题：运用图示教学法教授学习障碍学生，www.proedinc.com

该方案由阿沙·吉滕德拉博士（Asha Jitendra）针对初中与小学数学障碍学生开发，由教师教授核心的数学文字题解答技能。该方案精心设计，采用基于图示教学的方法以提高学生的概念理解，并且提供必要的脚手架以支持文字题学习困难的学生。

解答它！数学问题解决技能的实用方法，http://www.exinn.net/solve-it.html

"解答它"针对小学高年级、初高中学生（包括数学学习障碍学生），旨在提高学生的数学问题解决能力。该方案协助教师培养学生优良的问题解决思考能力与问题解决策略。在核心认知与元认知加工过程的教学单元中，教师明确地讲授数学问题解决策略。该方案具备研究支持基础，极易融入标准的数学课程教学。"解答它！"方案被研究证实可有效运用于 12 ～ 18 岁的数学学习障碍学生。

注：该清单只提供了部分适用于学校 RTI 数学模式的数学教学方案与干预方案，并不具备全面性。

第三编

科　学

SCIENCE

第八章
差异化的科学探究 ①

道格拉斯·卢埃林

差异化的科学探究是什么？

第一章"探究的途径"是指班级科学探究的方法，也就是说教师通常为班级的所有学生选择一种探究的方法来探讨某个科学主题。本章，我们将介绍差异化科学探究（Differentiated Science Inquiry，DSI），探讨在同一个课堂内组合多种方法进行科学探究的可能性，以便为不同的学习需要提供不同的探究方法。教师通过运用差异化的科学探究方法，构建具有多样性或多层的教学水平与教学结构，这样每个学生都有机会选择与其学习风格具有发展适应性的学习水平。尽管提供了多种过程导向的学习途径，最后所有学生都会达到对所学概念或标准的共同理解程度。

差异化科学探究（DSI）和我们所熟知的多种探究方法有点不同。精确而言，DSI 将每个学生的学习需要、学习风格与科学探究课堂的教学结构、教师指导的水平相匹配，从而提高学习效果。在 DSI 中，教师识别并重视每个学生的学习风格与学习需要，并以此设计课堂教学：结构化的教学还是低结构化、开放式的学习机会。教师根据学生的选择并且以满足学生个人发展为导向对课堂教学进行适宜调整，以此提供多种水平的学习经历与实验活动，最终促使课堂环

---

① 本章选自道格拉斯·卢埃林著：*Differentiated Science Inquiry*，科文书社。

境更能满足学生的学习需要。教师对科学探究的水平或方法进行的差异化处理，是对儿童准备水平与学习风格（视觉、听觉、触觉或运动觉）的回应。我们将在第四章详细介绍儿童的准备水平与学习风格。

一个尺码并不适用所有人

假设教练给某个中学的篮球队订购球衣，教练订购的球衣全部是中号。球衣到货后，教练在本赛季第一场比赛的前一天，利用练习期间将球衣分发给球员。大多数球员的球衣都还合算身，但对于另一些球员，球衣不是过大就是过小。球队的后卫麦克是小个子，他穿的球衣都长及膝盖了。麦克向教练述说了他穿衣的尴尬，教练不耐烦地回答："把你的球衣下摆卷起来就好了，不要再抱怨了。"鲁迪是球队的中锋，身高将近 175 厘米，他几乎不能把球衣套进脑袋。他也向教练抱怨了不满，但是教练说："那太糟了。我只定了一个尺寸，将就套上吧。"其他球员在一旁窃笑。

不幸的是，我们在很多课堂中看到了类似球衣风波的场景，教师主要采用"一个尺码适用所有人"的教学方法，即教师讲授词汇，随之安排讨论时间以强化所学内容，最后为验证性实验，以证实先前所授内容的正确性。DSI 教师采取不同的教学策略，他们认识到学生在多样化的教学方法下学习效果最好，因此根据所学主题与班级学生的需要来选择适宜的教学水平，调整教学方法，但这并不意味着他们不会采用讲授法。对于采用基于探究的教学方式的教师，讲授与正式呈现的方法用于运用和强化经验，而非介绍经验。借鉴四种探究水平[①]，DSI 教师设计一整年的科学教学，包括演示探究、结构化探究、教师指导下的探究与学生自主探究多种形式，科学课程的教学结构化程度在学年里逐渐下降。对于大多数教师而言，提供多样的学习方式是一次充满专业挑战、令人印象深刻的教学能力飞跃，尤其当教师提供的学习方式包含结构化程度不一的

[①] 四种探究水平（Invitation to Inquiry Grid）指教师演示、结构化探究、教师指导下的探究、学生自主探究四种水平。——译者注

活动时，从结构化活动到真正的、基于探究的实验，后者需要学生从开放的探究中形成自己的问题、设计实验程序以及选择收集与组织数据的方法。

差异化科学探究在很多方面类似装满高尔夫球棒的袋子。你肯定不会认为有经验的高尔夫球手只会使用一种球棒，比如只会在袋子里放轻击球棒。高尔夫球手一定会携带多种球棒，以使每种球棒适合不同的场景。他有时需要发球球棒将高尔夫球击打出较远的距离，有时他需要沙坑挖起杆将球高击出沙坑。采用不同的工具教学就好比采用不同的高尔夫球棒打球。常言道："当你的工具箱只剩下锤子时，所有的问题看起来都像钉子。"

差异化科学教学在基于探究的科学教学上迈出了充满挑战的一步。下面呈现的球与斜坡的教学案例采用了四种不同的方法：演示探究、结构化探究、教师指导下的探究、学生自主探究。这四种方法使学生有机会选择最适宜其兴趣、学习风格以及学习水平的学习模式。

球与斜坡：差异化科学探究课堂

我对差异化科学探究教学的思考与灵感，部分来自威廉中学的一位六年级科学教师发来的电子邮件。苏托女士（学校名与教师名都为化名）参与了大学组织的暑期《探究其中》（*Inquire Within*）书本研读项目，对书中第六章（Llemellyn，2007）介绍的弹珠主题活动的多种调整方式非常感兴趣。苏托女士已经在自己的学生身上观察到了多样化的探究能力与行为，她很想尝试探究教学的多种差异化水平以及将单一的教学方法转向学生可自主选择且具有多样选择性的教学方法。我和苏托女士在暑假期间一直保持联络，不断完善差异化科学探究的概念，并且为下一学年中秋季的"球与斜坡"主题进行 DSI 教学设计。因为苏托女士不太熟悉力与动能方面的基础原理，她在接下来的几个月里阅读了美国科学教师协会（National Science Teachers Association，NSTA）出版的参考资料，包括《力与动能：停止假象！》（*Forces and Motion: Stop Faking It!*）（Robertson，2002）。

"球与斜坡"活动的教学目的为促使学生探讨动能的概念与研究影响滚动物体动能的因素。该主题探究符合美国科学教学标准（National Science Education Standards，1996）提出的 5—8 年级的科学教学标准。在该活动中，学生的学习目标如下：

- 设计与实施科学实验（p.145）。
- 描述、解释、预测、建模（p.145）。
- 批判性地、有逻辑地思考证据与解释之间的关联（p.145）。
- 学生在活动结束后能理解如下原理：

  通过位置、方向与速度描述物体的运动（p.154）。

  力的不平衡可改变物体运动的速度与方向（p.154）。

注意：尽管该活动为初中科学教学内容，但是"球与斜坡"主题经适宜调整亦可适用于小学生与高中生。

我们假设你被邀请来参观"球与斜坡"的课堂，现在刚步入威廉中学苏托女士的六年级科学课堂。班里有 24 名学生，一位教师，即苏托女士，一位实习生，巴尔佛。巴尔佛来自当地的一所大学，正参加相关课程以获得教师资格证。

在你到来之前，苏托女士与巴尔佛老师重新布置了教室以便创设三个学习站，第四个学习站设在走廊另一头的空房间里。每个学习站所需的材料均提前放入了干净的塑料袋中，包括各种积木、附有槽纹的塑料尺（30 厘米长）、各种尺寸的弹珠和球、高尔夫球、卷尺和塑料量角器。参考资源 A 和 B 详载了"球与斜坡"的教案设计。

苏托女士开始上课，"同学们，今天我们将开始学习动能的概念，探讨影响物体滚动时动能的相关因素。我们设置了四个学习站，每个同学加入其中的一个学习站来学习该主题。"她接着向全班学生介绍每个学习站的学习流程与结构化水平，并且强调学生可以自主选择学习站。苏托女士知道学生起初可能会跟随朋友而选择同样的学习站，但是随着课堂教学的继续开展，如果给予学生再次选择的机会，学生会从跟随朋友的喜好转向依据最适宜自己的学习风格来选择学习站。

在学生开始选择学习站之前，巴尔佛老师先调查了学生在动能方面的已有概念。他的开场白如下："各位科学家，对于滚动的球你已经知道了哪些，请告诉我！请取出各位的科学日志本，翻开一张空白页，就滚动的球写下五句话。写完后，与你的一位伙伴结对分享你们的观点。看看你和同伴有哪些相同点与不同点。你们有五分钟的时间来完成这个工作。各位准备好了吗？"巴尔佛老师看到每个学生都跃跃欲试，接着说："好，开始！"

当学生忙着写下答案的时候，苏托女士与巴尔佛老师在教室里巡视以随时回答学生提出的疑问。他们时不时查看学生的书面作答情况以确认学生目前具备了哪些有关动能、摩擦的朴素概念。在学生与同伴互相比较了各自的回答后，巴尔佛老师给每个学生分发了边长为7.5厘米的黄色即时贴，要求学生把最满意的答案从作业本誊写在即时贴上。然后，巴尔佛每次请一位学生来到教室前面，把即时贴粘贴在白板上（见图8.1）。全班同学一起阅读每张即时贴上的回答，然后就全班的24条回答进行讨论。

巴尔佛老师采用即时贴来前测学生已有的概念以及对动能的理解状况。在默念这些回答时，巴尔佛老师仔细审查以确认学生出现了哪些不完整或者错误的概念。他记住可能在后续课堂教学中需要给予特别注意的地方。接下来，巴尔佛老师在全班学生的协助下，将24条学生的回答进行整理，分析彼此的关联性，划分类别，以便理解学生的已有概念。巴尔佛老师将24条学生的回答整理成一张概念图，并且在不同回答之间添加了连接线，最后构建了一张彼此关联的语义网络，代表了全班同学对于运动与动能的已有理解水平。

在前测完成后，苏托女士与巴尔佛教师开始介绍四个学习站。苏托女士的科学教室铺设了地毯，因此大部分小组可以直接在地板上开展活动，而不需要桌面。教室地板上铺设的地毯还给予了学生更多的活动空间，并且做实验时球在地毯上不会滚动太远。如果教室里太过拥挤，学生还可以借助铺设了地毯的走廊。

在全面介绍了所有学习站后，苏托女士让学生各自选择想去的学习站。她向学生解释，每个学习站的学习方法各异，每个学生可以选择各自最喜欢的。
当学生都进入所选的学习站后，学生开始正式探究动能的学习活动。

图 8.1　作为前测的即时贴

四个学习站

A 学习站：教师演示的科学探究

　　A 站设立在走廊另一头的空房间里。A 站放置了一张演示桌，学生的座椅
整齐摆放。巴尔佛老师将按照 B 站的程序讲授内容，但是 A 站采取教师指导的
演示探究。巴尔佛老师向小组提出待探讨的问题，并告知学生回答这些问题所
需的实验程序。在讲课之前，巴尔佛老师将问题张贴在教室黑板上，要求学生
弄清楚每个问题的意思。他也会邀请学生讲讲他们将采取哪些方法来回答上述
问题与可能采取的实验程序。接着巴尔佛老师引导学生思考应该收集哪些数据
以及预测实验结果。

　　在开展演示探究的过程中，巴尔佛老师可能会请几位学生上来演示实验，

但是他会向学生提供记录与解释数据的框架。然后学生运用所得的实验结果做汇报，以进一步完善他们对动能概念的理解。

演示探究为教师主导的教学方式。巴尔佛老师也向 A 站的学生提出更深入的问题与实验。这些问题将激发学生在模仿了最初的实验后继续探究。巴尔佛老师提出的后续实验列举如下：

- 假使采用不同尺寸的球体（小号，中号，大号），实验结果如何？
- 球体在塑料尺上的滚动起始点如何影响球体滚动的距离？
- 假使斜坡（塑料尺）从 30 厘米缩短为 15 厘米，请问球体滚动的距离有何变化？

B 学习站：结构化探究

B 站设在苏托女士教室的一角，为结构化探究（见图 8.2）。在该站，由教师提出问题与提供实验程序，但是数据收集与结果检验工作由学生负责。

图 8.2 B 站

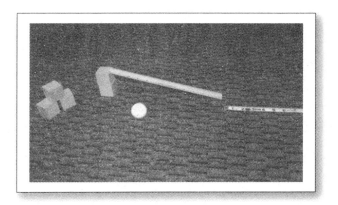

B 站除了摆放装满实验器材的袋子外，还有若干供学生参考的说明页。学生在 B 站写下有待检验的假设或观点，然后遵循指定的程序收集数据，但是由学生自己决定收集与整理数据的方法。苏托女士知道某些学生可能在设计数据表格与解释数据结果方面会遇到困难，因此，她会视需要分发供学生参考的数据表格（见图 8.3）。她也清楚向这些需要帮助的学生提供数据表格，就是向他们的学习提供了更多的结构。

图 8.3

球与斜坡 B 学习站的数据表格

标题：＿＿＿＿＿＿＿＿＿＿＿＿＿＿＿＿＿＿＿＿＿＿＿＿＿＿＿＿＿＿＿＿＿

高度	弹珠滚动的距离			
	第 1 次实验	第 2 次实验	第 3 次实验	平均值
2.5 厘米				
5 厘米				
7.5 厘米				
10 厘米				
12.5 厘米				

问题：

斜坡的高度如何影响弹珠运动的距离？

材料：

一把附有槽纹的尺子（30 厘米长）；5 块积木（或书本），每块 2.5 厘米高；一些弹珠；一把卷尺；方格纸。

过程：

1. 将 30 厘米的尺子一端放在一块 2.5 厘米高的积木上。

2. 把弹珠放在尺子槽纹的最上端。

3. 松开弹珠。

4. 在观察的基础上假设或预测斜坡的高度如何影响弹珠运动的距离。将你的观点记录在科学日志本上。

我的假设：随着斜坡高度的增加，弹珠运动的距离_____。

5. 重复 3 次从步骤 1 到步骤 3 的实验程序。使用卷尺测量弹珠每次运动的距离。

6. 在科学日志本上设计一份数据表格以记录与整理实验结果。

7. 在第一块积木上再放置一块积木，将尺子放在第二块积木上，创建 5 厘米高的斜坡，重复同样的实验过程。在尺子最上端松开弹珠，把结果记录在数据表格中。

8. 当斜坡高度分别为 7.5 厘米、10 厘米、12.5 厘米时重复上述实验程序，将结果记录在数据表中。

9. 计算弹珠在每个斜坡高度时的平均运动距离。出示你的计算结果。

10. 运用方格纸将结果绘制成图。注意添加标题与标记坐标轴。

结论：

借助所收集的数据，分析你的预测是否正确并解释原因。把你的解释写在下面横线处。

_____

_____

_____

追踪实验：

在科学日志本上设计一个实验探讨斜坡表面如何影响弹珠运动的距离。将你的设计方案绘制成示意图。把你想探讨的问题写在纸条上，粘贴在你实验地点的墙面上。开展实验并记录所有重要数据。最后你需要就你的预测正确与否给予解释，或者你可以选择下列的任何一个问题做实验：

- 如果使用不同尺寸的弹珠（小号，中号，大号），实验结果会怎样？
- 球体在塑料尺上的滚动起始点如何影响球体滚动的距离？
- 假使斜坡（塑料尺）从 30 厘米缩短为 15 厘米，请问球体滚动的距离有何变化？

与在 A 站接受演示探究的学生一样，B 站的学生同样需要分析数据，以寻找所检验因素之间的关系与模式。苏托女士一定会质疑学生所得出的结论，要求学生提供支持其结论与观点的证据。她也会要求学生解释实验结果，并且思考如何向未能做探究实验的同学介绍自己的新发现。

C 站：教师指导下的探究

C 站设在教室的另一角，该站被设计成问题解决活动或者教师指导下的探究，即教师提出问题或任务，但是学生自行决定程序与收集数据的方式。该站提供了 5 张任务卡片与完成每个任务所需的材料，但并没有要求所有学生都必须完成 5 个任务（见图 8.4）。材料袋里为各种球体与弹珠，充当无关因素与促进因素。在 C 站，学生没有被告知所需的材料，他们必须自行决定完成任务所需的材料。多余的材料有可能激发学生探讨其他的问题与任务。

每张卡片上写有标注序号的任务。从以下任务中选择一个或一个以上的任务：

- 任务 1：设计与实施能完成下一问题的过程：斜坡的高度如何影响弹珠运动的距离？把数据记录在科学日志本里。
- 任务 2：运用学习站提供的材料，设计与实施以下过程：小号球体或弹珠从斜坡顶端位置滑落，在距离斜坡底端 1.5 米之外的地方停止运动。在科学日志本中绘制该设计的示意图。
- 任务 3：用高尔夫球取代小号球体，重复任务 2 的实验任务。回答如下问题：你如何改变任务 3 的实验过程？将数据记录在科学日志本中。

图 **8.4** C 站的任务卡片

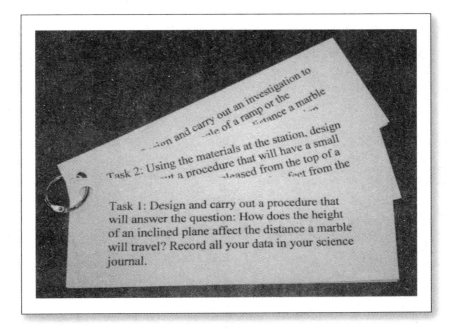

Task 2: Using the materials at the station, design ... a procedure that will have a small ... released from the top of a ... feet from the ...

Task 1: Design and carry out a procedure that will answer the question: How does the height of an inclined plane affect the distance a marble will travel? Record all your data in your science journal.

- 任务 4：设计与实施能完成下一问题的过程：球体的构造、直径或质量如何影响其运动的距离？把数据记录在科学日志本里。
- 任务 5：设计与实施一个过程以探讨斜坡的角度或者地板的表面如何影响弹珠运动的距离。将设计示意图与数据记录在科学日志本中。

将你的设计方案绘制成示意图。把你待探讨的问题写在纸条上，张贴在你实验地点的墙面上。开展实验并记录所有重要数据。最后你需要就你的预测正确与否给予解释。

在 C 站，苏托女士协助学生聚焦于某个特定的任务以及记录与任务相关的问题。她可能要求学生解释预期收集哪些数据以及如何整理数据。一旦学生完成探究任务，苏托女士会提示学生解释实验结果与新获得的知识。

D 站：学生独立探究

　　D 站设计为学生独立探究活动。学生在这里自主策划问题、设计与实施解决问题的过程、收集证据以支持或否决最初提出的观点及假设。D 站也摆放了和 C 站同样的材料，即各种球体与弹珠，充当干扰因素与促进因素（见图 8.5）。实验并不需要用到所有材料。D 站学生和 C 站学生一样必须自行决定完成任务所需的材料。多余的材料可激发学生探讨其他问题。

图 8.5　D 站的材料

　　D 站的活动过程体现了开篇所介绍的探究环节。学生首先被引导构建如 B 站前两步的实验过程。学生在观察的基础上考虑所有待探究的问题。

　　在阅读了所有可能的问题后，学生选择第一个拟探讨的问题。苏托女士鼓励学生把问题写在纸条上并将之粘贴在 D 站的墙上（见图 8.6）。这样，该小组的每个成员都能看到其他同学正在考虑的问题。

　　如果 D 组成员较多，可能同时探讨数个问题。D 站的每个小组为提出假设或初步的解释而寻求实验证据。然后小组设计实验，以决定变量与必需的控制因素，设计数据表以收集实验证据。

图 8.6　纸条上的问题

学生可以从教师课桌上获取所需的其他材料（见图 8.7）。材料如下：

● 不同尺寸的塑料尺（45 厘米、30 厘米、15 厘米长）

● 不同尺寸的木球

● 不同材质、直径为 2.5 厘米的球（玻璃、木质、金属、塑料）

● 不同尺寸的弹珠（小号、中号、大号、加大号）

尽管每种探究方法具有各自的特点，但是所有学习站不同程度都体现出了科学探究的七个环节。我们不难看到当探究方法的教师指导色彩较小时，学生必须肩负更多的责任来完成科学探究的各个环节。四个学习站都包含了数据与证据收集、连接新旧知识、全班讨论实验结果与反思时间等相同的教学环节。

图8.7   材料图片

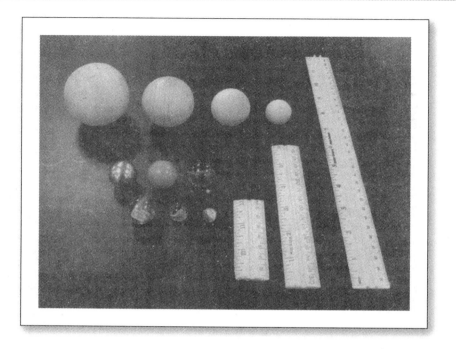

DSI 模式的变式

弹珠与斜坡展示了教师在动能领域开展差异教学一种方法。我们在提供该教学案例时非常清楚绝大多数教师并没有额外的人手（如其他教师、成人、志愿者或者家长）来开展演示探究站的教学。对于大多数教师而言，提供 B、C、D 三个学习站比较合适。对某些教师来说，仅提供两个学习站也是切合实际的做法。根据课程内容的性质，教师有可能提供四个学习站，但有时开放四个学习站可能不切实际。概而言之，所要学习的概念决定了到底需要哪几种探究方式。下面我们将介绍 DSI 的六种变式，以期有助于教师选择合适的模式来满足科学课堂教学的需要。

科学探究的问题指派或者来源可分为两类：（1）教师向全体学生指定问题，（2）学生自主选择和指定的问题。以往通常由教师或者课本而非学生来提供问题和方法，现在，DSI 给教师与学生提供多样的选择。我们接下来认识指派问题及选择探究方法的几种做法，请记住不同的教学场景需要不同的教学回应。

针对全体学生的单一方法

我们采用虚拟的教学案例介绍该方法，假设有艾伦与布鲁斯两位教师，他们的教学方式比较相同。艾伦首先用直接教导的方式讲授词汇，接着在导入阶段采用传统的演示法阐述概念。在本例中，艾伦面向全班学生采取同样的教师主导的演示法。艾伦在后续的课堂环节安排所有学生做实验，教师指派实验问题，学生遵照现成的、步骤分明的实验程序，以巩固教师在之前讲授的内容（见图 8.8）。

图 8.8　艾伦向全体学生提供相同的任务

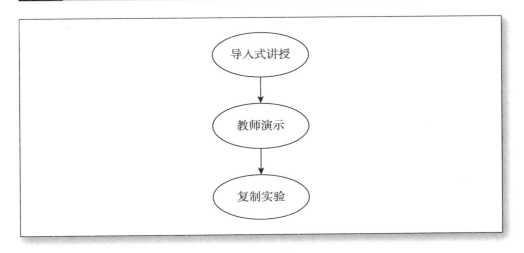

布鲁斯的课堂教学也以讲授开始，接着安排所有学生观看同样的实验演示。在演示结束后，布鲁斯要求学生开展相同的结构化探究，或者完成教师提出的问题解决任务或者进行指导性探究（见图 8.9）。

鉴于职前培训的不足与现有资源的缺乏，许多科学教师陷入了和艾伦、布鲁斯一样的教学模式，即采用单一的方法面向学生群体。你周围同事中不乏像艾伦和布鲁斯这样的人。尽管这些教师可能具有丰富的教学经验与丰硕的教学成果，而且所用教学方法非常符合教学目标，但是他们的教学几乎没有给予学生自主选择的机会。

> **图 8.9**　布鲁斯，像艾伦一样向全体学生提供相同的任务

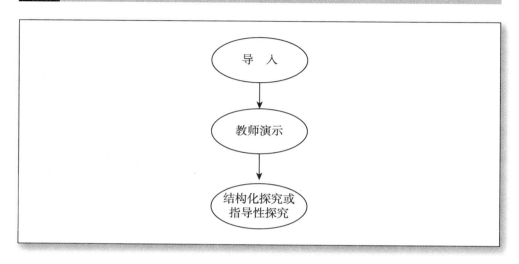

给予学生自主选择的方法

下面将介绍不同于上述案例的科学探究课堂。此案例中的教师为查理，他的教学不仅展示了我们之前介绍过的方法与尚未介绍的方法，而且还向学生提供了选择机会。查理首先安排所有学生观察同样的演示研究，接着竭力在一学期中向学生至少提供两到三次选择机会，使学生后续可开展不同的结构化活动与实验（见图 8.10）。

在本例中，查理讲授的课程内容为植物的生长周期。为了介绍该概念，查理先安排学生在不同的光照条件下种植豆科植物：完整光照、部分光照、全黑。学生每天测量光照条件对豆科植物生长的影响。在光照实验结束、学生理解了实验结果后，查理要求学生在后续探究中选择其他因素做实验。有些学生选择探讨浇水量对植物生长的影响，有些学生选择肥料或者光线类型（白色、蓝色、绿色、黄色、红色）对植物生长的影响。还有学生设计实验方案探讨音乐是否影响植物的生长，如果有影响，哪种类型的音乐最能促进植物的生长？在后续探究中，教师强调学生自行选择待探讨的因素。

图 8.10　查理提供结构化探究的选择机会

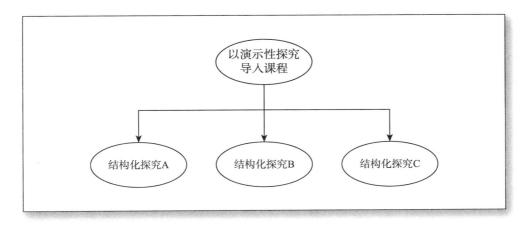

戴夫是我们将介绍的第四位教师，他的教学方法与查理的比较类似。戴夫首先安排全体学生观察同样的演示探究，接着为相同的结构化活动，然后给予学生机会自主选择不同的后续探究活动，如指导性探究与问题解决活动（见图 8.11）。

图 8.11　戴夫提供指导性探究的选择机会

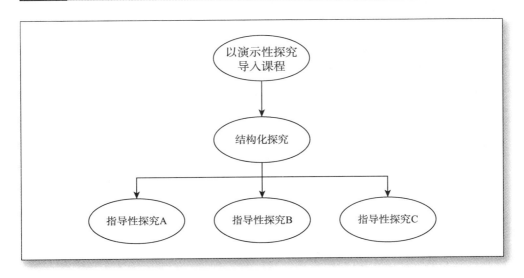

埃文，是第五位要介绍的教师，他的教学案例类似苏托女士的球与斜坡的

活动。埃文首先做简短介绍，然后安排学生从四种不同的学习方法中选择一种最适合个人兴趣与学习风格的学习方法。埃文在差异化处理科学探究时采取了多种活动，每种活动各具特色，彼此各不相同（见图 8.12）。

图 8.12　埃文在有成人助手的条件下，提供了四种探究活动的选择机会

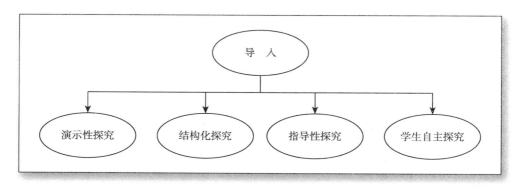

如果埃文的教室里没有成人助手（如苏托女士与巴尔佛老师），他可能无法提供演示性探究活动，因此只能同时提供三种探究学习站：结构化探究、指导性探究与学生自主探究（见图 8.13）。

我们从上述教学案例中不难看出 DSI 的多种变化与可能性。DSI 探究方法的种类与数量取决于教师对多元教学的容忍程度与教师关注学生多样学习风格的热切程度，还取决于所学主题的性质、学生对科学探究的经验与掌握程度、教师的专业发展目标与科学教育观念。其实在理想的情况下，教师可从一种方法转向另一种方法。在你开始实施 DSI 时，你会逐渐认识到独特的教学目标并不意味着必须采用某些典型的方法。适用于某个概念的教学方法很可能不适用于其他概念。教师需要时间与实践才能真正掌握差异化探究方法的适用条件与情况，教师应该耐心些。

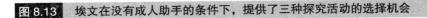

图 8.13　埃文在没有成人助手的条件下，提供了三种探究活动的选择机会

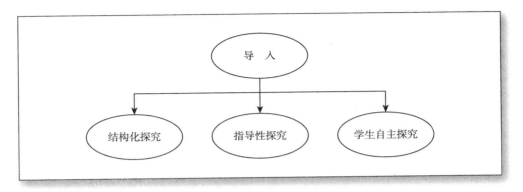

差异化的三个方面

汤姆林森（1999）认为教师可从三个主要方面对异质性班级进行差异化教学：内容、过程与成果。差异化教学内容指教师期望学生所学习的内容。对于科学学习超常的学生或者需要额外挑战的学生，教师可拓展或者加深课程内容；另一方面，如果课程内容对于学生而言太复杂或者是不熟悉的，教师应该提供纠正性辅助（corrective assistance）形式的干预支持。教学过程的差异化即教师调整学生学习新概念的方式。

基于探究的四种水平，四种教学形式提供了 DSI 的设计基础。从理想的状况而言，教师将其喜欢的教学活动进行差异化调整，从而提供不同合作水平、挑战水平与复杂程度的教学活动。差异化教学成果指教师调整学生所学内容与所学过程的展示方式。我们可借助多样的形式考查学生的成就，比如标准化测验，内含多选题与拓展回答题，又如其他真实的测验形式，包括成长袋、日记、口头或 PPT 陈述、表现性评估、三折海报版、自我评估。在上述差异教学的三个方面中，本书聚焦于差异化教学过程，借助教学实例阐述适宜的与不适宜的差异化教学过程。如果你想更多了解有关差异化教学内容、过程与成果，科文（Corwin）出版社有众多可供参考的优秀书籍。格雷戈里与查普曼合著的《差异教学策略》（2002）、格雷戈里与哈默曼合著的《科学差异教学策略：学前班—8 年级》（2008）是两本值得推荐的书籍。

DSI 的其他方法

除了本章前文所述的 DSI 变式，还有另外三种支持 DSI 的常见教学方法："已知—想知—学到"法（K-W-L）、学习站、5E 学习周期。如果你已经熟悉这三种方法，可以直接进入下一环节：学生的三种需要。如果你未接触或想重温"已知—想知—学到"法、学习站、5E 学习周期，请继续往下阅读。

"已知—想知—学到"法（Ogel，1986）帮助学生（1）测验他们对于所学主题的已掌握情况，（2）提出与实施个别化的探究方案，（3）详细阐述获得的新知识。教师采用"已知—想知—学到"法开始新单元的学习时，一般会问如下问题，"对于该主题，你已经知道了什么？"在"已知"阶段，学生把已知的内容写在即时贴或者"已知—想知—学到"表格中（见图 8.14）。教师在黑板上或者大张的纸上将学生的回答列入"你已经知道的"一栏中，以收集学生已经掌握的知识。教师也可将学生的已有知识与经验构建为概念图，评估与找出学生可能存在的错误概念。

接下来，学生提出"我想知道"的问题，开展与主题相关的探究。此时，教师或学生在"已知—想知—学到"表格中将问题列入"你想知道的"一栏中。如果学生不知道提出自己拟探究的问题，教师可提供相关的间接经验，使学生有机会探讨该学习主题。起初阶段的探讨与观察能有效激发学生提出问题。问题可列入"你想知道的"栏目中，便于必要时进行探讨与修改。"我想知道"的第二阶段为学生采用头脑风暴法收集回答问题的方法。教师既可以安排全班学生探讨同一个问题，也可以安排两到三个学生探讨其关心的问题。当学生设计了解决问题的方法并着手开始实施计划时，教师在小组之间巡视，鼓励小组将探究过程中产生的新问题写下来。材料供应中心应该准备好充足的材料，以供小组开展各自的实验。

图 8.14 "已知—想到—学到"表格

你已经知道的	你想知道的	你学到了的

在"我想知道"探究的总结阶段，教师和学生在"已知—想知—学到"表格的"你学到的"栏目里记下所学到的新内容。在此阶段，教师帮助学生理解探究、归纳总结观点、根据所收集的证据支持或否决观点。如果在"已知"阶段构建了概念图，教师和学生可重新审视概念图，将他们新获得的知识加入概念图中。

教师在采用"已知—想知—学到"策略来帮助小组学生探讨关心的问题时，在"想知"阶段可用多种调整方法来适应学生学业成就的发展。班级有六到七个不同探究小组同时开展活动，这对教师而言，需要多年的实践经验与耐心方能达成。而且，还需要教师教育的灵活性以及对多样性的容忍。这样的教育措施具有可行性，读者如果想深入了解"已知—想知—学到"方法，可在网络和学术图书馆查询到丰富的资源与策略。

学习站设在教室里的区角，有各自特定的主题，学生可选择不同主题的学习站进行探究。学习站可有多种形式，即可作为拓展工作的探究中心，也可作为呈序列的学习站供学生选择来自指定学习单元中的一个探究主题。学习站还可以测试学生的知识、技能和能力。《科学视眼》杂志（Science Scope）曾刊登了名为"测量中心"（Llewellyn，2005）的文章，该文介绍了 12 种学习站，内容为科学测量过程，学生两人一组收集初期探究任务的数据。每个学习站先采用步骤分明的活动向学生介绍测量技能，然后要求学生完成"深入探究"的问题与任务。当教师允许学生自主选择探究问题或者自主选择待探究的学习站时，不仅教师的差异化科学教学能力有了长足进步，而且也提高了学生的自主学习能力。

第三种方法为 5E 学习周期。7 年级的物理老师艾米丽运用 5E 学习周期，将差异化探究引入"球与斜坡"的科学课堂。第一个 E 为投入（engagement），艾米丽老师的课堂教学先测试学生对滚动的球的已有知识（类似巴尔佛老师的做法）。接着她快速演示了斜坡的组装方式与在预期高度释放球体的方法。第二个 E 为探究（exploration）阶段，学生完成如前文所述 B 站的结构化探究。在探究结束后，艾米丽老师就势能与动能开展全班讨论，为学生掌握力与动能的课程标准打下基础，此为第三个 E，解释（explanation）阶段。接下来为深入或拓展（elaboration/extention）阶段，学生选择某个指导性探究任务开展后续探究。然后，艾米丽老师提供时间安排学生交流各自的发现，要求学生在"动能大会"上向全班解释自己的实验结果，帮助学生分享观点及其支持证据。该阶段教学促进学生认识科学辩论的重要性，并且帮助学生理解科学家如何借助科学辩论以推进其对自然界的认识。第五个 E 为评价（evaluation），艾米丽采用单元测试评估学生对动能与科学探究的设计要素的掌握程度。

差异化教学的三种学习需要

有效的差异化教学正如传统的优秀教学一样关注学生的需要。汤姆林森与卡夫雷斯（1998）提出，无论课程类型与教学呈现方式如何，高效的学习必定具备三个要素，即满足学生的三种需要。第一，学生必须具备安全感，即无论学生能力或行为的高低而无需担心受到威胁。第二，学生需要接受适宜程度的挑战，即任务难度刚好高于其能力与准备水平。第三，学生需要时间来反思，寻求意义解释，以便从课堂内外的环境与经验中积极建构意义。

中小学教师在开展差异化科学教学时必须满足上述三个要素，通过认识并重视学生的学习风格与学生对教学结构化程度的需要（即教师指导教学、结构化教学还是开放的学习机会），基于差异化科学教学理念的教师提供多种学习机会与探究来实现目标。教师提供的学习机会和探究都会依据学生的自主选择，并且通过多种难度与挑战水平的学习选择与学习模式来调整以满足学生的个体需要。教师提供多种选择与机会，从而使学生的学习发生"恰到好处效应"（Goldilocks Effect），即学生所选择的活动既不是太过于结构化也不会太开放，而是刚刚合适！

当教师将科学探究方法或水平进行差异化处理时，因为这些差异教学措施能适应学生的准备水平、能力水平与偏好的学习风格（视觉、听觉或动觉），所以教师能有效激发学生的学习兴趣。更重要的是，教师在 DSI 课堂会根据学生的注意广度或者对教学结构程度的需要来进行教学方法的差异化处理，而无论教师对实验程序的说明是否明确清晰，或者课堂座位安排为传统摆放方式还是方便小组学习的摆放方式。而且，教师将科学探究的方法与水平进行差异化处理时，他提供的多种教学不仅要能提高学生学习的参与度，而且能有效激发学生学习的兴趣。教师设计具有多种选择的教学活动，旨在创建适宜的挑战水平的学习机会，从而有效提高学生的参与程度、学习兴趣与学业成就。

随着班级中学生的学业水平与文化差异越来越大，教师会在所有课程领域面临上述差异带来的挑战，但就科学课程而言，需要在动手与操作的学习机会上做出相应调整以迎接挑战。差异化科学探究作为催化剂，可有效提高教学与测验的灵活性、学生分组的多样性、直接与间接指导的多样性、学生知识与能力展示途径的多样性

虽然大部分课堂中的教学针对处于中间水平的学生并以此希冀能覆盖尽可能多的学生是当前的主要做法，但是现在已经出现了科学教师将已久负盛名的班级课堂教学进行差异化教学的改变，以使其适应学生多样化的学习需要。

当教师认识到当前班级发生的变化，他们需要根据学生先前知识、经历与能力水平的多样性来重新评价并调整教学设计，教师此时就已开启了差异教学之门。其实，应对当前学校班级变化的方式无外乎两种：一种是忽视当前的变化，继续针对处于中间水平的学生教学，虽然教师深知班级里的许多学生会感

到迷惑或者厌烦；另一种方法是教师怀着激情与活力进行教学调整，以适应当前多元能力课堂中学生多样化的能力与兴趣。

当有人还在质疑差异化教学设计的必要性时，勇于尝试差异化教学的教师已经坚定地认为如果采用合适的策略，优质的教学实践与多样的探究方法能极大地提高学生的学习参与度与学业成就。最后，我想说差异化科学教学并非万灵药，也非一时兴起的方法。我们必须意识到所有的学习环境都具有各自的物理与心理阻碍物，差异化科学教学只是教师每月运用一次的教学模式，以变革传统的教学模式。差异化科学教学作为教师教学工具箱中的一种教学策略，可促使学生从安于现状转向更富创造性。

写下反思与讨论的问题

把你此时关心的三个问题写下来，与同事分享、讨论。

1._____

2._____

3._____

如果你写不出三个问题，请依据以下问题开展讨论与反思：

1. 差异化科学探究课堂需要教师具备坚实的科学内容知识。如果一位三年级教师缺乏对科学概念的深刻理解但仍然想尝试差异化科学教学，你对该教师有何建议？

2. 如果你计划在某次探究中设立三个学习站，但是最后学生选择学习站的人数极不平衡，假设班上 22 名学生，15 人选择了结构化探究，5 人选择了指导性探究，2 人选择了自主探究，你该如何办？

3. "交流新知识"阶段包括鼓励学生评论所收集的证据以证实他人提出的观点。你如何培养学生的上述能力，而避免使该环节沦为争吵竞赛？

4. 教师可从教学内容、教学过程、教学结果三个方面进行差异化教学。选择你所熟悉的一节课或单元，你打算从三个方面如何进行差异化教学处理。

第九章
提高学生学业成就的方法与有效实践 ①

盖尔·H·格雷戈里，伊丽莎白·哈默曼

───── 旦教师创建了有效教学的课堂氛围，明确并理解了每个年级的科学课程目标与标准，了解了学生的学习风格、智力特征与文化观念，教师的教学设计便能满足学生的需要与兴趣。教学是富有创造性的过程，包括多重感官活动与经验，不仅能挑战学生的心智、激发学生的情感、提供社会交往与身体方面的挑战，而且能满足人类学习与了解自身的需要。教学必须反映生活，并且提供多样机会使学生能积极建构其对自然界的理解。教师运用最适宜班级学生的方法与实践，以构建概念理解与发展专业技能，这起始于教师对学生已有知识与能力水平的了解。

科学教学的方法

科学教学的方法是什么？ 科学领域教与学的方法指我们在课堂中开展学习的多种途径。这是教师（或学生）对学生如何学习的选择与决定。教师根据自身的教育信念与自我效能感，以及管理者、家长与学生的期望来选择与运用方法。高质量的教学会包含多种方法的运用。科学教学包含以下五种基本方法的组合：

───────────────

① 本文选自盖尔·H·格雷戈里，伊丽莎白·哈默曼著：*Differentiated Instructional Strategies for Science, K-8*，科文书社。

- 讲解——讲授、媒体呈现、课本、应邀发言人、图片、CD、录音带和录影带、图书等。

- 讨论——学生之间或师生之间的观念、信息交流。

- 演示——教师、学生或者邀请的客人所做的陈述，可能伴随有讨论或互动环节。

- 指导性探究——探究问题由学生或教师提出，活动具有多种结构水平，活动的结构能引导学生获得一组预期的结果与假设。

- 开放性探究或基于问题解决的学习——学生或教师提出探究问题或者结构不完整的问题，探究结果具有非预期性。

为什么运用科学教学的方法？ 教学方法最终是为成功实现学习目标而设计的教学途径。运用多种教学方法能最有效地吸引与维持学生的兴趣、激励学生取得最佳的学习结果。

科学教学的方法怎么运用？

讲解学习：讲解学习指接受信息或事实的方式，包括阅读故事、文章或教材，抄写信息、观看影片或录像带、聆听讲座。

讨论：讨论指学生参加有关事实、发现或观点的对话。鼓励学生讨论的环境具有两个特点，其一，学生没有恐惧感，其二，学生的想法、观点和理解甚至错误的理解都得到尊重。安排在探究或者研究之后的讨论，作用尤为突出，有助于学生反思实验过程、分享与分析数据、判定结论是否正确、运用概念与构建意义。

演示：演示指一个或一个以上的人员向学生群体做陈述，学生群体的规模不一，从小组到全班皆有可能。以下场合适宜采用演示法：

- 所用材料、设备昂贵或精密。

- 学生使用的设备、材料或实验过程有一定的危险性。

- 访客展示或描述作品、易碎或昂贵的样品。

- 实验中涉及人或动物。

- 安全考虑。

◉ 某个现象只有在特定条件下才能发生。

互动演示环节允许学生提问和考虑学生的意见。

指导性探究：探究是积极的学习过程，起始于教师或学生提出的一个或多个问题。探究的核心是调研，而动手或动脑的活动和经验是调研的根基。探究过程能产生数据，用以支持或者否决预测或假设。当学生参与讨论和反思的时候，他们能意识到数据在支持其结论方面的意义与重要性。

探究调研具有多学科交叉的特点。科学天然有机地融合了数学、文学、技术、社会研究、艺术和其他课程领域。例如：

◉ 图表可呈现数据。

◉ 查阅定义概念、提供信息、解释概念关系的书籍可提高学生的阅读能力。

◉ 笔记本可用于记录信息、问题、背景信息、行动计划、数据、解释与学习总结，为学生创设了有意义运用词汇的练习机会。

◉ 技术与软件以新颖的方式供学生学习、练习、复习重要概念，运用与拓展学习。

开放性探究与基于问题解决的学习：学生在开放性探究中自主提出问题、设计行动计划以获取与运用信息、开展调研与收集信息、根据发现得出结论。探究的问题，既有可能产生在教学之前，是学生希望知道的事情，还有可能产生在教学过程之中，是学生在学习进程中新提出的疑问。

探究问题示例

◉ 万寿菊在哪种光照条件下长得更高：每天 24 小时光照还是每天 8 小时的光照？

◉ 哪种冰冻的液体融化速度最快：水、牛奶、苏打水？哪种液体蒸发速度最快？

◉ 聆听音乐后你的脉搏速度是上升还是下降？

◉ 播放音乐是否有助于植物的生长？音乐类型是否影响植物生长？

◉ 保存在冰柜的电池是否比常温保存的电池能使玩具车跑得时间更长？

- 5 斤或 5 斤以上的南瓜是否比轻于 5 斤的南瓜有更多的籽？
- 玩具车的轮子大小是否会影响它从斜面上滚过的距离？
- 水的温度是否影响盐粒或者糖粒溶解或消失的速度？
- 机翼大的模型飞机是否比机翼小的飞机飞得更远？

总结：所有的方法在基于探究的科学学习中均有一席之地。学生认识到科学家会采用多种方法与策略来发现自然现象与构建知识，这很重要。

讲解法适于提供有趣的相关信息、激发学生的兴趣、巩固或复习概念。

演示法向观察者展示令人兴奋的现象。演示法如果突出了现象之间的巨大差异，会造成学生的认知冲突，从而激活学生的大脑细胞，这样的认知冲突可产生新的探究问题。

讨论法不仅包括对探究过程的反思，还包含对观点、数据、结论、运用方法与意义理解的交流，因此是每个调研的重要组成部分。

探究过程聚焦于学生感兴趣的问题，并且借助学生的好奇心以激发学生的学习。学习周期途径起始于问题，而问题基于主要概念、议题或问题。当学生探究自然现象、收集与加工数据、形成结论、创建意义、建立联系与运用学习、萌发新问题时，他们就承担了"科学家"的角色。

在基于问题解决的学习中，教师或学生提出"结构不良"问题，学生迎接富有挑战性的探究任务，并且根据自己的研究提出多种解决方法。探究的问题可能被设计为引导学生开展丰富课程内容的实验，这些实验能促进学生对所学主题的深入理解，但是实验结果具有未知性。通常教师也提供和参考其他解决方法。

表 9.1 分析了教师与学生在不同方法中的角色。请注意每种方法中学生是积极的学习方式还是被动的学习方式。

方法	教师的行为	学生的行为
表 9.1　教师与学生在不同方法中的角色		
讲解	● 讲授、提供信息 ● 邀请发言者 ● 读故事或讲故事 ● 提供书籍、图片、音像带、电影、软件和其他信息来源。	● 阅读与主题有关的材料 ● 观看录像带或者展示 ● 聆听录音带或音乐 ● 聆听讲座或谈话 ● 获取与运用信息
演示	● 在学生观察时开展实验或活动，展示相矛盾的事件，或者解释过程或作品 ● 在演示过程中与学生讨论（非必须）	● 观察作品、过程或事件 ● 观察与讨论自相矛盾的事件
讨论	● 提问 ● 与学生口头交流 ● 指导学生之间进行口头交流	● 与教师或学生进行交流 ● 聆听 ● 提问与回答
指导性探究	● 构建满足学生需要的学习环境 ● 创设有意义的情境或提供多样选择以吸引学生 ● 提出或诱导探究问题 ● 设计活动与经历 ● 检查学生的错误概念 ● 检查学生工作是否准确 ● 通过问题与线索主导教学 ● 支持与调解 ● 激发学生思考与构建意义 ● 评价与监控学习，主导教学	● 参与活动以回答教师或学生提出的一个或多个问题 ● 选择学习途径与分组方式 ● 设计调查探究问题的行动计划 ● 开展调查，运用设备与材料 ● 记笔记 ● 交流、反思、学习运用、构建意义 ● 运用与拓展学习 ● 参与研究
开放性探究	● 鼓励学生思考、探究、计划、研究与投入学习 ● 必要时给予调解与指导，确保学生的探究具有目的性 ● 灵活性、支持性 ● 根据需要提供设备、材料、资源、建议与鼓励	● 提问、设计行动计划、参与活动与经历、分享发现、运用与拓展学习 ● 视需要与教师商讨 ● 探究问题或议题 ● 记笔记 ● 承担或分担学习责任 ● 分享结果与数据 ● 考虑其他解决方法 ● 提出新问题

基于研究的有效实践

基于研究的有效实践是什么？ 有效实践是经检验证实能有助于提高学生动机、兴趣与成就的教学策略。这些有效实践能利用大脑的天然能力促进学生的学习，符合大脑的活动机制与特点。有效的科学课堂吸引学生投入基于探究的实验、强调发展学生对重要概念与原则的理解、促进学生学习的主动性、有助于形成性评价、鼓励合作学习。

为什么运用这些有效实践？ 研究对于实践者的重要之处在于研究能确认实践是否能提高学生的成就，并且为实验在课堂教学的运用提供理论依据。研究人员近期总结出影响学生学习的最重要因素是教师（Sanders & Horn，1994，Wright，Horn，& Sanders，1997，Marzano，Pickering，& Pollack，2001；Wenglinsky，2000）。 基于研究的有效实践为教师提供了有效教学策略的重要信息，并且为教师的教学设计、教学监控与指导、评价教学过程的有效性提供了富有价值的指导原则与参考信息。

有效教学实践怎么用？ 美国科学教育标准提出了科学教学的有效教学实践。以下为针对教师的教学建议：

1. 理解学生的需要、兴趣与优势并做出回应。

2. 通过探究与调查学习科学。

3. 理解概念，培养探究能力。

4. 在探究个人与社会视角的科学、技术、历史与科学本质的背景下学习课程知识。

5. 采用调查与分析科学问题的活动。

6. 设计关注内容、在有意义的情境中运用科学探究过程的调查活动。

7. 运用证据与策略以形成或修订解释。

8. 评价最重要的学习内容。

9. 持续评价学生的理解力，持续与学生分担学习责任。（美国国家研究委员

会，1996，p.52，72，100，133）

中陆地区教育与学习研究中心（Midcontinent Research for Education and Learning，McREL）对教学研究进行了元分析，提出了能有效提高所有学生成就的九种策略（Marzano，Pickering，& Pollack，2001）。有效实践如下：

1. 确认共同点与不同点。

2. 总结与记笔记。

3. 强化学生的努力行为并给予奖励。

4. 安排家庭作业与练习时间。

5. 创建非语言的表征。

6. 合作学习。

7. 设置目标与提供反馈。

8. 提出与验证假设。

9. 通过问题、线索与"先行组织者"① 激发学生的先前知识。

该研究的研究人员指出并不是所用的策略对全体学生、在所有课程领域均有效。他们建议教师根据对学生的认识、课程内容以及教师所处的环境去选择最适宜的策略。

与脑科学研究、课堂实践有关的策略

科学领域的教学实践有两大基础：符合脑科学的学习与积极探究。表 9.2 为研究者可以采用的基于大脑研究的教学方法。左栏是玛尔扎诺（Marzano）等人提出的基于研究的九种教学策略，中间一栏为支持该策略作为有效学习实践的脑科学研究结果，右栏为与该实践相关的基于探究的科学教学特征。

---

① 先行组织者是美国心理学家奥苏伯尔提出的重要概念，是指先于学习任务呈现的一种引导性材料，比原学习任务有更高的抽象、概括和包容水平，并且能清晰地与认知结构中原有的观念和新的学习任务关联。——译者注

表9.2　有效策略、脑科学研究与课堂教学运用		
有效策略	**脑科学研究**	**课堂教学运用**
确认共同点与不同点	大脑寻求新旧学习之间的模式、联系与关系	● 将实物与现象进行分类 ● 比较与对照 ● 运用韦恩图比较事件或有机体的特征 ● 写出重要概念的类似物 ● 追溯发明物、理论或技术的历史，比较古今 ● 描述先前知识（或错误观念）与新学习的关系 ● 创建比喻
总结与记笔记	大脑注意有意义的信息与忽略无关信息	● 运用笔记本记录信息与总结学习 ● 运用拼图强调重要概念 ● 区分相关与无关数据
强化学生的努力行为并给予奖励	大脑回应挑战而非威胁。情绪能促进学习	● 提供安全、舒适与以学生为中心的环境 ● 提供相关、有趣与富有挑战性的活动 ● 提供持续的支持与奖励
安排家庭作业与练习时间	"用进废退"，练习与复述可以巩固学习	● 把概念与原则运用到学生的生活、技术与社会中 ● 运用游戏与猜谜巩固概念 ● 通过阅读与拓展活动巩固学习
创建非语言的表征	大脑是平行加工器。视觉刺激的回忆正确率为90%	● 创建认知图与图表、数据图表 ● 将观察结果与事物变化过程绘制成图
合作学习	人类大脑喜社交。合作可以促进理解与发展高级思维能力	● 运用实验室伙伴与灵活的分组方式 ● 创建拼图经验 ● 运用与改变合作的策略
设置目标与提供反馈	大脑回应高水平的挑战，并在不断反馈下持续努力	● 交流清晰的目标与学习目的 ● 运用形成性评价策略监控学生的学习 ● 提供持续的反馈 ● 运用评价标准指导学习与自我评价 ● 保持高标准与高要求

续表

有效策略	脑科学研究	课堂教学运用
提出与验证假设	大脑具有好奇性，天生具有通过模式寻求意义的需要	● 根据学生或教师提出的问题，设计与标准相关的探究 ● 提出假设，创建实验的行动计划 ● 运用问题来反思过程、数据，构建意义 ● 将学习运用在个人生活、当地社区与全球的事件中

戈登·卡瓦提（1995）主编了有关学生学业成就研究的手册，提出了提高科学教学的有效策略。朵拉西·盖贝尔（Dorothy Gabel）总结如下：

1. 运用学习周期方法。

2. 运用电脑收集与呈现数据。

3. 运用类比的方法帮助学生将熟悉物与不熟悉物作对比。

4. 运用等待时间与计算机模拟。

5. 运用学生制作的与教师制作的概念图。

6. 在课堂教学与实验室教学中运用合作学习。

7. 在问题解决与真实生活场景中运用系统的方法。

8. 运用科学、技术、社会相结合的方法。

9. 运用矛盾的事件创建认知冲突，提高概念理解。

将科学笔记本作为学习工具

在科学教学中运用笔记本，这种方法被证实可提高学生的科学成绩与其他课程的成绩（Klentschy，Garrison，& Maia Amaral，2000）。

笔记本的页面可由教师或学生设计，用以记录活动与经验的详细信息。学生可记下他们探究的问题与观察，写下行动计划，绘制图画与图示，创建数据表与图，解释对概念的理解，总结学习与拓展学习。笔记本提供了学生在整个单元中的工作与学习情况，因此亦可作为形成性评价的工具。

科学笔记本的组成内容

- 探究问题或感兴趣的问题
  - ❑ 学生或教师提出问题
  - ❑ 具有探究价值
- 预期或假设
  - ❑ 与探究问题相关
  - ❑ 依据已有知识或经验
- 探究问题的行动计划
  - ❑ 与探究问题相关
  - ❑ 确认需要的设备与材料
  - ❑ 明确合理、呈序列的步骤
  - ❑ 适当的时候确定可变因素
- 观察与数据
  - ❑ 定性观察与定量观察
  - ❑ 数据具有相关性并且用图或表呈现
- 图示与图表
  - ❑ 用视觉的方式呈现过程、变化、数据与概念之间的关系
  - ❑ 呈现实验中各因素的关系
- 反思与结论
  - ❑ 分析过程与发现
  - ❑ 与所探究问题相关的答案或观点
  - ❑ 运用证据支持结论
- 运用与构建意义
  - ❑ 与先前知识和个人生活相关
  - ❑ 与技术、社会有关联
- 学习总结

❏ 构建思考的结构

❏ 描述学习

● 新问题和下一步骤

实验报告

实验报告可以遵照标准框架或者设计成与特定实验室活动相关的格式。实验报告根据教师的意愿，可作为笔记本的一部分或者单独成文。

实验报告反映了学生设计、实施与交流试验结果的能力，从而体现了学生对内容的理解程度。此外，报告交代了有关实验目的、背景理解、过程、发现与结论等重要信息。

实验报告一般包含如下部分：

● 实验名称。

● 实验目的，包括探究的问题、调查目标、因变量与自变量（如果适用的话）。

● 背景信息或文献综述。

● 过程：分步骤的过程，描述将要做的事情以及如何做。

● 数据与计算：数据必须以表格方式呈现。

● 数据图：数据图应适宜标记，清晰明了。

● 基于数据得出结果与结论，并进行讨论；结论必须有数据支持并且逻辑清晰；讨论本研究发现的启示与意义。

● 如果数据未能得出结论，提出有待进一步研究的建议。

● 在技术与社会上的应用。

● 新问题。

● 参考书目（视需要而定）。

表 9.3 呈现了实验报告的提纲。

表 9.3　实验报告
姓名：＿＿＿＿＿＿＿＿＿＿＿＿＿＿＿＿＿＿＿　日期：＿＿＿＿＿＿＿ 实验名称：＿＿＿＿＿＿＿＿＿＿＿＿＿＿＿＿＿＿＿＿ 实验描述： 探究的问题： 目标： 背景信息或文献回顾： 过程： 数据表、图与计算： 结论与进一步的研究： 在技术与社会上的应用： 新问题： 参考书目：

实验报告的评分标准

报告的某些部分可能需要数页篇幅，如背景信息、数据图表与应用。框架有助于指导学生完成报告写作，如果提供实验报告评分标准则效果更好。表 9.4 提供了实验报告评分标准示例。

分组

分组指什么？ 从基础的角度而言，分组有四种模式：全班、小组、结对、个人。教学有时适宜以大群体方式开展，有时分组或结对的活动方式教学效果最佳。

表 9.4　实验报告的评分标准

报告组成部分	超出预期 (3)	符合预期 (2)	不符合预期 (1)	没有呈现
标题	标题有创意或独特	标题适宜	标题不适于调查目的	没有标题
描述	确认关键概念；用语清晰、详细与准确，确认了探究的问题与目标，确认与解释了变量。	确认了关键概念；用语清晰、准确，确认了探究的问题，变量。	描述不准确或者缺少与探究相关的详细问题、目标或变量缺失信息。	没有描述；没有说明或者缺失探究的问题、目标或变量
背景信息	包含两个以上来源信誉好的、不同类型的详细信息	包含两个来源信誉好的信息	信息极少或来自单个来源	信息缺乏或者来源不可靠
过程	详细、准确地描述了安全收集信息以及如何探究问题的方法	准确描述了数据收集与如何探究问题的方法	描述欠详细或者不准确，所用方法不能回答待探究的问题	过程缺失
数据图表、计算	图表设计规范、准确，所有计算过程展示与解释。	图表设计准确，标记清晰；显示了计算过程	图表不完整或数据不准确，或者缺少标记；计算过程缺失	图表或计算过程缺失
结论与进一步研究	结论符合逻辑；基于研究数据，提出并解释了有待进一步研究的建议（视需要而定）	结论符合逻辑；基于研究数据；提出进一步研究的建议（视需要而定）	未能根据数据提出结论；进一步研究建议缺失或者不适宜	结论与进一步研究建议缺失
在技术与社会上的应用	运用详细的解释、实例或资源阐述了概念在技术或社会上的应用	运用实例与资源阐述了概念在技术或社会上的应用	概念应用薄弱或极少	概念应用缺失
新问题	问题展示了个人的观点或智慧	问题与探究、内容有关	问题与所学的内容无关	问题缺失
参考书目	参考书目数量超过规定数量，资源种类多样，具有相关性且格式规范	参考书目数量符合规定数量，资源种类多样，具有相关性	数量未达到规定要求，种类或相关性有欠缺	参考书目缺失

针对全班的教学一般包括头脑风暴、决策、演示、特邀演讲者、视频播放，以及包含反思与意义理解等讨论环节的抛锚式活动（anchor activity）[1]。小组与结对最适合实验室活动与户外调查、项目、学习站、复习活动、辅导与同伴复习。有的学生可能喜欢单独从事项目、调查或研究工作。

我们为什么分组？教师对学生进行分组，可以满足他们的教学、情感与个人需要。有的学生单独工作的学习效果最好，而有的学生和小组或与同伴一起学习效果更好。根据学生的先前知识、技能水平（准备水平）、学习风格、兴趣来分组，这种做法为学生的学业成功提供了多样的机会。

分组怎样运用？因为分组的依据多样化且为一个动态变化的过程，所以并不存在某种单一的分组方法。灵活分组是利用每个学生的强项与促进学习的最佳方法。

我们可以根据以下因素进行分组安排：

- 前测或测验数据所反映的学生掌握的内容知识或准备水平
- 教学性质
- 设备与可消耗材料的类型、数量
- 书籍、模型、电脑、助教或助手等资源的多少
- 学习风格
- 兴趣

合作学习

当教师把学生分配到小组后，还会发生许多不尽如人意的事情。有的学生可能控制全组成员，有的不做与任务相关的工作、讨论其他事情、无所事事，有的过于兴奋或者冲突不断。如果我们使用合作小组学习的指导方针，小组成员的工作通常会更好，并且切实完成学业任务与发展社交能力。

合作学习是什么？合作小组学习是学生共同工作、完成学业任务同时实践

---

① 抛锚式活动是以目标为基础的情景教学模式和基于问题的学习模式的综合运用，强调教学活动围绕某个真实案例或问题情景（即"锚"）展开，使用可允许学生开展探究学习的课程材料。——译者注

社交能力的教学策略。

我们为什么使用合作学习？ 人类大脑具有社会性特质，因而人类需要讨论、分享观点与视角的学习途径。讨论向学生提供了阐述思想与核查的机会，可以促进对所学内容的理解。教师在一旁观察小组的学习活动，借机了解需要在后续教学中澄清的错误观念，这不失为有价值的评价工具。在差异化教学课堂中，学生在多种结对或小组学习中进进出出，因此他们需要知道如何合作共事。合作小组学习被大量研究证实可有效提高学生的学业成就（Johnson & Johson，1981，引自 Bellanca & Fogarty，1991；Lou et al.，1996；Marzano et al.，2001）。

如何运用合作学习？ 因为许多调查是由小组或同伴共同完成的且取得了最大成功，所以科学教学本身适宜开展合作学习。合作学习必须具备五个要素（Johnson & Johson，1981，引自 Gregory & Parry，2006）：

- 小组成员之间积极的互相依赖：通过提供共同目标、共享的资源、任务或角色、适宜的环境、外在力量（如时间限制）确保学生互相需要。
- 个人责任：每个学生应负责小组学习中需要的知识与能力（如陈述、报告、测验）。
- 面对面的交流：有助于学习的环境。
- 合作或社交能力：就学生需要的一项或多项社交能力进行练习。
- 小组工作过程：就小组交往相处情况进行讨论。

教师应围绕这些要素安排小组活动与每个学生的角色，以促使所有学生获得成功。

调整的作业

调整的作业指什么？ 在课堂教学中，我们无时无刻不在检查教学如何更好地适应全体学生。教师认识到了学生可能处于不同的准备水平，有的可能不能处理不同复杂程度或抽象程度的学习状况，因而可以利用调整的作业帮助学生聚焦于关键技能与理解关键概念。虽然作业经调整以便适应不同水平的学生，但是每个作业的标准、概念或内容具有相同的地方，因此每个学生有机会按照适宜其自身挑战水平的方式发展必要的技能与理解力。当教师根据学生的已有知识与促进学生逐步的成长来设计教学时，这些教学活动能更好地促进学生按照自己的水平来探究观点与知识。

为什么要使用调整的作业？ 调整的作业允许学生从其目前能力与知识水平出发开始学习，完成富有挑战与价值的任务。这好比我们种植花卉，某些种子发芽早开花早，我们不可能把这些花卉连根拔起，让它们再从种子重新开始生长。对这样的想法大家都会觉得有点不可思议。对生长迅速的植物我们当然会给予所需的阳光、水分与食物，并且细心照看刚发芽的秧苗以促进其开花与生长。

调整的作业根据学生的准备水平、学习风格、多元智力特点来安排概念巩固或拓展学习。学习的适宜调整能有效地使每个学生不断接受处于其最近发展区的工作任务（即刚好超出其能力水平的挑战性工作，而其能力水平会不断提高，因而工作任务的难度也随之不断提高）。

因为学生经努力可以获得成功，而成功可极大地激发学生的学习动力，因而调整的作业增加了每个学生学习成功的几率。调整的作业也可减少学生因感觉无法完成任务而产生的无助感与失败感及由此带来的恶性循环。

怎样运用调整的作业？ 在最初的设计阶段，确定核心的概念、技能与内容，并且与课程标准、预期保持一致。

教师采用前测的某些方法（如小测试、日志、班级讨论、数据收集技术、学习风格等），收集有关学生对学习内容或技能的已有掌握程度。整理前测数据，然后确定单元需要教授的关键标准与概念。教师接着决定哪部分学习需要进行班级教学以及如何呈现教学。接下来的时间就是教师做作业调整的决策了。作业要根据学生的先前知识或技能水平进行调整以满足学生的需要，当教师在调整作业时需考虑以下问题：

- 每个小组已经知道了哪些内容？
- 每个小组需要学习哪些内容？
- 运用哪些策略来促进每个环节的学习？
- 每个活动中小组的最佳学习方法是什么？

● 运用哪些评价工具以确保每个学生肩负学习责任？

● 该作业调整计划满足学生的个体需要了吗？

调整作业看起来像什么？ 学生的基本知识与经验具有多元性，因此我们需要安排调整的作业。下面的实例为教师在每次开始为全班学生进行作业调整时常常遇到的问题。

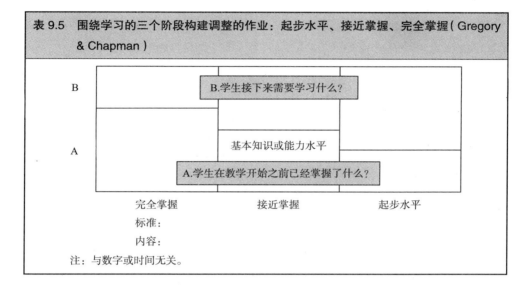

表 9.5　围绕学习的三个阶段构建调整的作业：起步水平、接近掌握、完全掌握（Gregory & Chapman）

中年级"力与运动"单元的调整作业

中年级"力与运动"的单元教学要求学生知道与理解力、运动、惯性、加速、方向、数量级（magnitude）、速度、不平衡的力等基本术语。处于起步水平的学生可与同伴或小组成员通过动手活动或者学习站的演示活动来学习定义这些术语。阅读参考书籍、观看录像带、访问科学中心等是介绍重要术语的其他方法。

接近掌握水平的学生已具备相关基础，可以将术语运用到与核心概念直接相关的活动与调查中，这些核心概念来自本州的科学课程标准。这些概念与"国家科学教育标准"（National Science Education Standards，NSES）提出的概念相似，如：

通过位置、运动方向与速度描述物体的运动。

未受到力作用的物体将以匀速、直线方式持续运动。

如果物体受到直线方向的多个力的作用，力的方向与大小将决定多个力之间的作用效果为抵消或叠加。不平衡的力将改变物体运动的速度或方向（美国研究委员会，1996）。

当学生就线性或非线性运动的问题检验假设与回答问题时，他们正在学习众多科学家提出的科学原理，如亚里士多德对力学的探究，哥白尼提出的地球围绕太阳运动的学说，伽利略通过观察与实验支持哥白尼的太阳系理论，牛顿提出的著名的力学定律。

完全掌握水平的学生已经熟悉了关键概念，做好了将概念运用在更复杂情景中的准备。例如，他们在游乐园乘坐游乐设施、学习空气动力学或者空间探索等情景中学习力与运动的相关知识。他们也可研究力与运动的原理如何运用于社区问题或事务以及其他科学领域，例如火山爆发、地震、造山运动等自然界中的动态的力学现象，或者如趋光性、趋地性、重力等影响生物生长的力。

课程压缩

课程压缩是什么？ 课程压缩为康涅狄格大学的乔·伦祖利（Joe Renzulli）提出的教学策略（Joe Renzulli，1992；参见 Tomlinson，1999，2001）。该教学策略针对在某个课程主题上知识掌握与能力水平较高的学生，是绩优生学习时间最优化的方法。

为什么使用课程压缩？ 因为先前经验、兴趣与机会的影响，许多学生可能在学习某个主题之前，已经具备了相关知识与技能。这些知识和技能可能来自如饥似渴的阅读、旅游、个人对某个主题的兴趣、导师或榜样的影响。有时针对这些学生运用课程压缩，有助于丰富其课程内容，促进其思维，并且有助于他们发展更高的学习自主性。在许多面对中间学生教学的课堂里，有的学生厌烦了重复的课程内容，而有的学生因缺少与所学内容相关的背景信息或经验而备感困惑。

在实施前测后，教师可以针对被鉴定的绩优生或者高能力的学生运用课程压缩或者丰富课程的方法。卡因等人（1997）提出的"放松的警觉"[①]（relaxed alertness），指课堂教学应该允许所有学生按照自己的速度开展学习，这点非常重要。学生身处行云流水（flow）般的学习氛围中，他们方能积极迎接符合其水平的挑战，而不是太难或太易的任务使其感到挫败或厌烦。

怎样使用课程压缩？ 使用课程压缩必须遵循以下三个阶段：

1. 在讲解环节学生回忆先前知识，讨论他们最初的概念与知识，接着可以安排前测。前测可有多种形式：

- 预备考试
- 学生分享与主题有关的知识、理解的会议
- 文件夹展示，学生展示其理解与技能水平（任意或全部均可）的证明资料

2. 前测后教师分析数据，确认学生已掌握的内容以及需要学习的内容。

有待学习的知识或技能可安排如下学习方式：

- 向全班介绍所学概念或信息
- 自学
- 家庭作业
- 与导师或学习伙伴在校内（或校外）合作学习
- 网络学习

3. 确定了需要增加的学习内容后，学生可选择或被指派更具挑战性的任务：

- 调查或研究项目
- 解决结构不良问题
- 服务学习（service learning）[②]

---

① 放松的警觉指适宜儿童学习与记忆重要概念的最佳大脑状态。在放松的警觉状态下，儿童愿意学习且接受适宜的挑战。——译者注
② 服务学习指一种将服务和学习关系并重的教学理念及教学方法，将学生的课程（专业）学习与社会服务相结合，通过有计划性的社会服务活动及结构化的反思过程，推动师生共同参与对知识的重构，在不断满足社区需求的同时，培养学生的社会责任感并促进学生综合能力的发展。——译者注

- 项目

- 协议

- 特别的作业

这些作业有助于激发学生以实际操作和富有创造性的方式运用所学知识和能力。此即罗伯特·斯滕伯格（1996）提出的"成功智力"，指包含分析、实践与创造的智力，而非仅仅知道某个事实。

课程压缩的实施：课程压缩不仅可加深学生对所学内容的理解，而且有助于学生从更多的视角看待所学课程内容。当针对绩优生采用课程压缩时，可以采取完全撤出或部分撤出常规课堂教学的模式，或者由科学教师在课堂中精心安排。如果学生撤出了常规课堂教学环节，他们不应错过尚未掌握的其他课程内容的学习。教师应确认学生已经完全掌握了概念，而不是对概念只有粗浅的理解。如果教师安排学生参与某个单元的课程压缩任务，那么这些学生不应再被要求接受该单元的常规课堂作业。

表 9.6　拓展学习的课程压缩		
阶段 1 **讲解阶段** **前测** - 考试 - 信心 - 文件夹会议 **目的在于找出学生** - 已经掌握的 - 需要掌握的 - 想知道的	**阶段 2** 分析数据 **掌握程度**：学生已经掌握了哪些技能与知识 **需要掌握**： 他们需要掌握哪些知识和技能？ **学生学习的方法：** - 与全班一起学习 - 自学 - 家庭作业 - 校外或校内的导师 / 同伴 - 网络学习	**阶段 3** **高级挑战** - 调查 - 基于问题的学习 - 服务学习 - 项目 - 协议 **通向成功智力的机会** （Sternberg，1996） - 分析 - 实践 - 创造 **测评**

作者简介

　　莱斯莉·劳德（Leslie Lard），多年来从事数学差异教学的教学实践与师资培养工作。她参与了诸如美国数学教师委员会年会等众多全美与全世界的学术会议，并且在教育领导力（*Educational Leadership*）等著名的学术期刊上发表了多篇文章。目前劳德博士正主持波士顿地区的教师专业发展项目。她先后在哥伦比亚大学的教师学院获得特殊教育硕士学位、课程与教学博士学位。

　　希拉·奥尔伯-摩根（Sheila Alber-Morgan），俄亥俄州立大学特殊教育专业副教授。她的研究领域为：中小学普通学生与残疾学生的教育干预研究结果的效应量检验、迁移与维持学生学业能力与社交能力的教学策略研究。她的绝大部分研究的设计与实施都保持了与一线教师的亲密合作。迄今为止，她已经出版或发表了50多篇学术文章及书籍。

　　威廉·N·本德（William N. Bender）是倡导干预—反应模式、普通班级差异教学的著名学者。他的《超越 RTI 金字塔》（*Beyond the RTI Pyramid*）一书获得 2010 年教育类图书的杰出成就奖。他聚焦于 RTI 的理论与实践，同时关注 RTI 教师的专业发展，每年在美国、加拿大主持四五十场 RTI 专题讨论会。本德博士最初担任中学的资源教师，后来在北卡罗纳大学获得特殊教育博士学位，先后在拉特格斯大学、乔治亚大学任教，现在从事教育咨询、写作工作。

　　卡罗林·查普曼（Carolyn Chapman），担任过从学前班到大学的各级教育机构的教育教学工作，具有丰富的教育经历，目前同时还从事教育咨询、写作工作，出版了多部有关多元智力、差异教学的书籍与音像制品，致力于教师专业发展工作，以促进教师提高教学质量，适应当今课堂面临的变化与挑战。

　　盖尔·格雷戈里（Gayle H. Gregory）是适宜大脑的学习、差异教学、教学评估方面的知名专家。她拥有丰富的教育经历，曾经在中小学、大学任教。目前担任课程协调员、教师专业发展指导专家等职，引领当地学区的教学发展与改革。

伊丽莎白·哈默曼（Elizabeth Hammerman）为知名的科学教育工作者。她不仅在初高中担任科学教师，并且在大学教授小学与中学科学教育课程。伊丽莎白出版了《科学探究的八要素》、《成为更好的科学教师：迈向高质量教学与学生成就的八步骤》、《科学差异化教学策略》等著作。

丽塔·金（Rita King）在中田纳西州立大学的实验学校担任教师培训项目的负责人。她的研究兴趣包括阅读与写作的差异教学、测量与评估、多元智力、基于大脑研究的实践应用、创设有效的学习环境等。她参与了《阅读差异教学》《写作差异教学》《差异教学管理》等书籍的写作。

路易斯·A·蓝宁（Lois A. Lanning）目前是康涅狄格州 Pomperaug 地区 15 学区的助理督学。她还曾担任 K-12 阅读高级顾问、特教教师、小学校长、地区课程主管与助理教授，深谙阅读教学实践。同时，路易斯在地区课程事务与教师专业发展培训上拥有丰富的经验。

道格拉斯·卢埃林（Douglas Llewellyn）身兼数职，首先他是教师，目前承担圣约翰费舍尔学院（St. John Fisher College）的科学教育课程的教学工作，亦曾担任罗切斯特市学区的 K-12 科学课程主管、初中校长、高中科学教师；其次他是从事科学教育研究的研究者，先后出版了《基于探究的 3-8 年级科学课程标准实施》、《高中科学探究》等。

保罗·里克米尼（Paul J. Riccomini）最初担任 7-12 年级融合班级的数学教师。保罗拥有深厚的数学课程领域知识，并且与普通教师、特殊教师保持亲密的合作关系。他目前是克里门森大学（Clemson University）特殊教育专业的副教授，从事数学低成就学生、数学学习障碍学生的有效教学研究。

布拉德利·S·威策尔（Bradley S. Witzel）从事学习障碍教育教学工作，曾经担任普通班级、融合班级以及特教班的教师，目前为温斯罗普大学（Winthrop University）的副教授、课程与教学系的副主任、3 项特教方案的协调人。他出版了多部有关数学教育与干预的文章或著作。

参考文献

Introduction

Huebner, T. A. (2010). Differentiated learning. *Educational Leadership, 67*(5), 79–81.

Tomlinson, C. (1999). *The differentiated classroom: Responding to the needs of all learners.* Alexandria, VA: Association for Supervision and Curriculum Development.

Chapter 1

Bloom, B. S. (Ed.). (1956). *Taxonomy of educational objectives: Book 1. Cognitive domain.* New York: David McKay.

Chapman, C., & King, R. (2008). *Differentiated instructional management: Work smarter, not harder.* Thousand Oaks, CA: Corwin.

Gregory, G. H., & Chapman, C. (2007). *Differentiated instructional strategies: One size doesn't fit all.* Thousand Oaks, CA: Corwin.

Renzulli, J. S., Leppien, J. H., & Hayes, T. S. (2000). *The multiple menu model: A practical guide for developing differentiated curriculum.* Mansfield Center, CT: Creative Learning Press.

Tomlinson, C. A. (1999). *The differentiated classroom: Responding to the needs of all learners.* Alexandria, VA: Association for Supervision and Curriculum Development.

Tomlinson, C. A. (2001). *How to differentiate instruction in mixed-ability classrooms* (2nd ed.). Alexandria, VA: Association for Supervision and Curriculum Development.

Trelease, J. (2001). *The read-aloud handbook* (5th ed.). New York: Penguin.

Chapter 2

Anderson, E. (1975). *Thoughts of our times.* Mt Vernon, NY: Peter Pauper Press.

Bigge, M., & Shermis, S. (1999). *Learning theories for teachers.* New York: Longman.

Bransford, J., Brown, A., & Cocking, R. (Eds.). (2000). *How people learn: Brain, mind, experience, and school* (Expanded ed.). Committees on Developments in the Science of Learning and Committee on Learning Research and Educational Practice, Commission on Behavioral and Social Sciences and Education, National Research Council. Washington: DC: National Academies Press.

Duke, N., & Pearson, P. D. (2002). *Effective practices for developing reading comprehension.* In A. E. Farstrup & S. J. Samuels (Eds.), *What research has to say about reading instruction* (3rd ed., pp. 205–242). Newark, DE: International Reading Association.

James, M. (2006). Teaching for transfer in ELT. *English Language Teaching, 60*(2), 151–159.

Kong, A. (2002). *Scaffolding in a learning community of practice: A case study of a gradual release of responsibility from the teacher to the students.* Paper presented at the Annual Meeting of the International Reading Association, San Francisco, April 28–May 2, 2002.

Meyer, D. (1993). What is scaffolded instruction? Definitions, distinguishing features, misnomers. In D. J. Leu & C. K. Kinzer (Eds.), *Examining central issues in literacy research, theory, and practice: Forty-second yearbook of the National Reading Conference* (pp. 41–53). Washington, DC: National Reading Conference.

Pearson, P. D., & Gallagher, M. (1983). The instruction of reading comprehension. *Contemporary Educational Psychology, 8*, 317–344.

Perkins, D. N., & Salomon, G. (1988). Teaching for transfer. *Educational Leadership, 46*(1), 22–32.

RAND Reading Study Group (RRSG). (2002). *Reading for understanding: Toward an R&D program in reading comprehension.* Washington, DC: RAND Corporation.

Vygotsky, L. S. (1978). *Mind in society: The development of higher psychological processes* (M. Cole, V. John-Steiner, S. Scribner, & E. Souberman, Eds. & Trans.). Cambridge, MA: Harvard University Press.

Chapter 3

Alber-Morgan, S. R., Hessler, T., & Konrad, M. (2007). Teaching writing for keeps. *Education and Treatment of Children, 30*, 107–128.

Atwell, N. (1987). *In the middle: Writing, reading, and learning with adolescents.* Portsmouth, NH: Heinemann.

Baker, S., Gersten, R., & Graham, S. (2003). Teaching expressive writing to students with learning disabilities: Research-based applications and examples. *Journal of Learning Disabilities, 36*, 109–123.

Blume, J. (1972). Tales of a fourth grade nothing. New York: Puffin Books.

Carle, E. (2004). *Mister Seahorse.* New York: Philomel Books.

DiSpirt, D. (2008). Strategies to summarize a narrative: Teaching the main ideas or events in a story. *Suite 101.com.* Retrieved December 17, 2009, from http://primary-school-lesson-plans.suite101.com/

Ellis, E. S., & Friend, P. (1991). Adolescents with learning disabilities. In B. Y. L. Wong (Ed.), *Learning about learning disabilities* (pp. 505–561). San Diego: Academic Press.

Engelmann, S., & Silbert, J. (1983). *Expressive writing 1.* Chicago: Science Research Associates

Gillingham, A., & Stillman, B. W. (1970). *Remedial training for children with specific disability in reading, spelling, and penmanship.* Cambridge, MA: Educators Publishing Service.

Goldberg, A., Russell, M., & Cook, A. (2003). The effect of computers on student writing: A meta-analysis of studies from 1992–2002. *Journal of Technology, Learning, and Assessment, 2*, 1–51.

Graham, S. (1983). The effect of self-instructional procedures on LD students' handwriting performance, *Learning Disability Quarterly, 6*, 231–234.

Graham, S., & Harris, K. R. (2003). Students with learning disabilities and the process of writing: A meta-analysis of SRSD studies. In L. Swanson, K. R. Harris, &

S. Graham (Eds.), *Handbook of research on learning disabilities* (pp. 323–344). New York: Guilford.

Graham, S., & Harris, K. R. (2005). *Writing better: Teaching writing processes and self-regulation to students with learning difficulties.* Baltimore: Brookes.

Graham, S., Harris, K. R., & Fink, B. (2000). Extra handwriting instruction: Prevent writing difficulties right from the start. *Teaching Exceptional Children, 33*, 88–91.

Graham, S., Harris, K. R., & Loynachan, C. (1993). The basic spelling vocabulary list. *Journal of Educational Research, 86*, 363–369.

Graham, S., & Miller, L. (1979). *Spelling research and practice: A unified approach. Focus on Exceptional Children, 12*, 1–6.

Graham, S., Olinghouse, N. G., & Harris, K. R. (2009). Teaching composing to students with learning disabilities: Scientifically supported recommendations. In G. A. Troia (Ed.), *Instruction and assessment for struggling writers: Evidence-based practices* (pp. 165–186). New York: Guildford.

Graham, S., & Perin, D. (2007). *Writing next: Effective strategies to improve writing of adolescents in middle and high school.* Washington, DC: Alliance for Excellence in Education.

Graves, D. H., & Rueda, R. (2009). Teaching written expression to culturally and linguistically diverse learners. In G. A. Troia (Ed.), *Instruction and assessment for struggling writers: Evidence-based practices* (pp. 213–242). New York: Guildford Press.

Greenwood, C. R., Delquadri, J. D., Hou, S., Terry, B., Arreaga-Mayer, C., & Abbott, M. (2001). *Together we can! Classwide peer tutoring learning management system teacher's manual.* University of Kansas: Sopris West.

Hagin, R. A. (1983). Write right—or left: A practical approach to handwriting. *Journal of Learning Disabilities, 16*, 266–271.

Hanover, S. (1983). Handwriting comes naturally? *Academic Therapy, 18*, 407–412.

Heron, T. E., Okyere, B. A., & Miller, A. D. (1991). A taxonomy of approaches to teach spelling. *Journal of Behavioral Education, 1*, 117–130.

Horn, E. (1954). Phonics and spelling. *Journal of Education, 136*, 233–246.

MacArthur, C. A. (1996). Using technology to enhance the writing processes of students with learning disabilities. *Journal of Learning Disabilities, 29*, 344–354.

MacArthur, C. A. (2009). Using technology to teach composing to struggling writers. In G. A. Troia (Ed.), *Instruction and assessment for struggling writers: Evidence-based practices* (pp. 243–268). New York: Guilford.

MacArthur, C. A., Graham, S., Schwartz, S. S., & Schafer, W. D. (1995). Evaluation of a writing instruction model that integrated a process approach, strategy instruction, and word processing. *Learning Disability Quarterly, 18*, 278–291.

Marchisan, M., & Alber, S. R. (2001). The write way: Tips for teaching the writing process to resistant writers. *Intervention in School and Clinic, 36*, 154–162.

Mason, L. H. & Graham, S. (2008). Writing instruction for adolescents with learning disabilities: Programs of intervention research. *Learning Disabilities Research & Practice, 23*, 103–112.

Okyere, B. A., Heron, T. E., & Goddard, Y. (1997). Effects of self-correction on the acquisition, maintenance, and generalization of the written spelling of elementary school children. *Journal of Behavioral Education, 7*, 51–69.

Persky, H. R., Daane, M. C., & Jin, Y. (2003). *The nation's report card: Writing 2002,* NCES 2003-529, Institute of Education Sciences. National Center for Education Statistics. Washington, DC: US Department of Education.

Reis, E. M. (1989). Activities for improving the handwriting skills of learning-disabled students. *The Clearing House, 62*, 217–219.

Rhoder, C. (2002). Mindful reading: Strategy training that facilitates transfer. *Journal of Adolescent & Adult Literacy, 45*, 498–512.

Santangelo, T., & Quint, W. (2008). Planning and text production difficulties commonly experienced by students with learning disabilities: A synthesis of research to inform instruction. *Insights on Learning Disabilities 5*, 1–10.

Schlagel, B. (2007). Best practices in spelling and handwriting. In S. Graham, C. A. MacArthur, & J. Fitzgerald (Eds.), *Best practices in writing instruction.* New York: Guilford.

Schoolfield, L. D., & Timberlake, J. B. (1960). *The phonovisual method.* Washington, DC: Phonovisual Products.

Sturm, J. M., Rankin, J. L., Beukelman, D. R., & Schultz-Muehling, L. (1997). How to select appropriate software for computer-assisted writing. *Intervention in School and Clinic, 32*, 148–161.

Troia, G. A., Lin, S. C., Monroe, B. W., & Cohen, S. (2009). The effects of writing workshop instruction on the performance and motivation of good and poor writers In G. A. Troia (Ed.), *Instruction and assessment for struggling writers: Evidence-based practices* (pp. 77–112). New York: Guilford.

Vaughn, S., Bos, C. S., & Schumm, J. S. (2006). *Teaching exceptional, diverse, and at-risk students in the general education classroom* (3rd ed.). Upper Saddle River, NJ: Pearson.

Wong, Y. L., Butler, D. L., Ficzere, S. A., & Kuperis, S. (1996). Teaching low achievers and students with learning disabilities to plan, write, and revise opinion essays. *Journal of Learning Disabilities, 29*, 197–212.

Wong, Y. L., Butler, D. L., Ficzere, S. A., & Kuperis, S. (1997). Teaching adolescents with learning disabilities and low achievers to plan, write, and revise compare-and-contrast essays. *Learning Disabilities Research and Practice, 12*, 2–15.

Chapter 4

Bender, W. N. (1996). *Teaching students with mild disabilities.* Boston: Allyn & Bacon.

Bender, W. N., & Shores, C. (2007). *Response to intervention: A practical guide for teachers.* Thousand Oaks, CA: Corwin.

Bryant, D. P., Bryant, B. R., Gersten, R. M., Scammacca, N. N., Funk, C., Winter, A., et al. (2008). The effects of tier 2 intervention on the mathematics performance of first-grade students who are at risk for mathematics difficulties. *Learning Disability Quarterly, 31*(2), 47–64.

Fuchs, D., & Deshler, D. D. (2007). What we need to know about responsiveness to intervention (and shouldn't be afraid to ask). *Learning Disabilities Research and Practice, 22*(2), 129–136.

Fuchs, L. S., Fuchs, D., & Hollenbeck, K. N. (2007). Extending responsiveness to intervention to mathematics at first and third grade levels. *Learning Disabilities Research and Practice, 22*(1), 13–24.

Fuchs, L. S., Fuchs, D., Powell, S. R., Seethaler, P. M., Cirino, P. T., & Fletcher, J. M. (2008). Intensive intervention for students with mathematics disabilities: Seven principles of effective practice. *Learning Disability Quarterly, 31*(2), 79–92.

National Mathematics Advisory Panel (2008). *Foundations for success: The final report of the National Mathematics Advisory Panel.* Washington, DC: U.S. Department of Education. Available online at http://www.ed.gov/about/bdscomm/list/mathpanel/index.html.

Sousa, D. A. (2008). *How the brain learns mathematics.* Thousand Oaks, CA: Corwin.

Tomlinson, C. (1999). *The differentiated classroom: Responding to the needs of all learners.* Alexandria, VA: Association for Supervision and Curriculum Development.

Wiggins, G., & McTighe, J. (1998). *Understanding by design.* Alexandria, VA: Association for Supervision and Curriculum Development.

Chapter 5

Delazer, M., Domahs, F., Bartha, L., Brenneis, C., Lochy, A., Trieb. T., & Benke, T. (2003). Learning complex arithmetic—A fMRI study. *Cognitive Brain Research, 18,* 76–88.

Ellis, E. S., & Lenz, B. K. (1996). Perspectives on instruction in learning strategies. In D. D. Deshler, E. S. Ellis, & B. K. Lenz (Eds.), *Teaching adolescents with learning disabilities* (pp. 9–60). Denver, CO: Love Publishing.

Fosnot, C. T., & Dolk, M. (2001). *Young mathematicians at work: Constructing multiplication and division.* Portsmouth, NH: Heinemann Press.

Fuchs, L., & Fuchs, D. (1986). Effects of systematic formative evaluation: A meta-analysis. *Exceptional Children, 53*(3), 199–208.

Gersten, R., Beckmann, S., Clarke, B., Foegen, A., Marsh, L., Star, J. R., & Witzel, B. (2009). *Assisting students struggling with mathematics: Response to Intervention (RtI) for elementary and middle schools* (NCEE 2009-4060). Washington, DC: National Center for Education Evaluation and Regional Assistance, Institute of Education Sciences, U.S. Department of Education. Retrieved December 22, 2010, from http://ies.ed.gov/ncee/wwc/pdf/practiceguides/rti_math_pg_042109.pdf

Gersten, R., Chard, D. J., Jayanthi, M., Baker, S. K., Morphy, P., & Flojo, J. (2009). Mathematics instruction for students with learning disabilities: A meta-analysis of instructional components. *Review of Educational Research, 79*(3), 1202–1242.

Hudson, P., & Miller, S. P. (2006). *Designing and implementing mathematics instruction for students with diverse learning needs.* Boston, MA: Allyn & Bacon.

Ives, B. (2007). Graphic organizers applied to secondary algebra instruction for students with learning disorders. *Learning Disabilities Research & Practice, 22*(2), 110–118.

Jitendra, A. K. (2002). Teaching students math problem-solving through graphic representations. *Teaching Exceptional Children, 34*(4), 34–38.

Marshall, S. P. (1995). *Schemas in problem solving.* New York, NY: Cambridge University Press.

Mercer, C. D., & Mercer, A. R. (1993). *Teaching students with learning problems* (4th ed.). New York, NY: Macmillan Publishing.

Miller, S. P., & Hudson, P. J. (2007). Using evidence based practices to build mathematics competence related to conceptual, procedural, and declarative knowledge. *Learning Disabilities Research and Practice, 22,* 47–57.

Montague, M. (2007). Self-regulation and mathematics instruction. *Learning Disabilities Research & Practice, 22*(1), 75–83.

National Council of Teachers of Mathematics (NCTM). (2000). *Principles and standards for school mathematics.* Reston, VA: Author.

Riccomini, P. J. & Witzel, B. S. (2010). *Solving equations.* Upper Saddle River, NJ: Pearson Education.

Sanjay, R. (2002). A new approach to an old order. *Mathematics Teaching in the Middle School, 8*(4), 193–195.

Stading, M., Williams, R. L., & McLaughlin, T. F. (1996). Improving academic performance through self-management: Cover, copy, and compare. *Intervention in School and Clinic, 32*(2), 113–118.

Swanson, H. L., & Deshler, D. D. (2003). Instructing adolescents with disabilities: Converting a meta-analysis to practice. *Journal of Learning Disabilities, 36*(2), 124–135.

Test, D. W., & Ellis, M. F. (2005). The effects of LAP fractions on addition and subtraction of fractions with students with mild disabilities. *Education and Treatment of Children, 28*(1), 11–24.

Tindal, G., & Ketterlin-Geller, L. (2004). *Research on mathematics test accommodations relevant to NAEP testing.* Washington, DC: National Assessment Governing Board.

Van Garderen, D. (2006). Spatial visualization, visual imagery, and mathematical problem solving of students with varying abilities. *Journal of Learning Disabilities, 39,* 496–506.

Witzel, B. S. (2005). Using CRA to teach Algebra to students with math difficulties in inclusive settings. *Learning Disabilities: A Contemporary Journal, 3*(2), 49–60.

Witzel, B. S., Mercer, C. D., & Miller, M. D. (2003). Teaching algebra to students with learning difficulties: An investigation of an explicit instruction model. *Learning Disabilities Research & Practice, 18*(2), 121–131.

Woodward, J. (2006). Developing automaticity in multiplication facts: Integrating strategy instruction with timed practice drills. *Learning Disability Quarterly, 29,* 269–289.

Xin, Y. P., & Jitendra, A. K. (2006). Teaching problem solving skills to middle school students with mathematics difficulties: Schema-based strategy instruction. In M. Montague & A. K. Jitendra (Eds.), *Teaching mathematics to middle school students with learning difficulties* (pp. 51–71). New York, NY: Guilford Press.

Xin, Y. P., Jitendra, A., & Deatline-Buchman, A. (2005). Effects of mathematical word problem-solving instruction on middle school students with learning problems. *The Journal of Special Education, 39,* 181–192.

Zrebiec Uberti, H., Mastropieri, M., & Scruggs, T. (2004). Check it off: Individualizing a math algorithm for students with disabilities via self-monitoring checklists. *Intervention in School and Clinic, 39*(5), 269–275.

Chapter 6

Sak, U. (2009). Test of the three-mathematical minds (M3) for the identification of mathematically gifted students. *Roeper Review, 31,* 53–67.

Tieso, C. (2005). The effects of grouping practices and curricular adjustments on achievement. *Journal for the Education of the Gifted, 29*(1), 60–89.

Winebrenner, S. (2001). *Teaching gifted kids in the regular classroom.* Minneapolis, MN: Free Spirit Publishing.

Chapter 7

Baker, S., Gersten, R., & Lee, D. (2002). A synthesis of empirical research on teaching mathematics to low-achieving students. *The Elementary School Journal, 103,* 51–73.

Baker, S., Gersten, R., & Scanlon, D. (2002). Procedural facilitators and cognitive strategies: Tools for unraveling the mysteries of comprehension and the writing process, and for providing meaningful access to the general curriculum. *Learning Disabilities Research and Practice, 17,* 65–77.

Butler, F. M., Miller, S. P., Crehan, K., Babbitt, B., & Pierce, T. (2003). Fraction instruction for students with mathematics disabilities: Comparing two teaching sequences. *Learning Disabilities Research and Practice, 18*, 99–111.

Ellis, E. S., Worthington, L., & Larkin, M. J. (1994). *Executive summary of research synthesis on effective teaching principles and the design of quality tools for educators.* (Tech. Rep. No. 6). Retrieved July 17, 2004, from University of Oregon, National Center to Improve the Tools of Educators website: http://idea.uoregon.edu/~ncite/ documents/ techrep/other.html.

Fuchs, L. S., Fuchs, D., & Karns, K. (2001). Enhancing kindergarteners' mathematical development: Effects of peer-assisted learning strategies. *Elementary School Journal, 101*, 495–510.

Gersten, R., Beckmann, S., Clarke, B., Foegen, A., Marsh, L., Star, J. R., & Witzel, B. (2009). *Assisting students struggling with mathematics: Response to Intervention (RTI) for elementary and middle schools* (NCEE 2009-4060). Washington, DC: National Center for Education Evaluation and Regional Assistance, Institute of Education Sciences, U.S. Department of Education. Retrieved from http://ies.ed.gov/ncee/wwc/publications/practiceguides.

Hutchinson, N. L. (1993). Second invited response: Students with disabilities and mathematics education reform—let the dialog begin. *Remedial and Special Education, 14*(6), 20–23.

IRIS Center for Training Enhancements. (n.d.). *Effective room arrangement.* Retrieved on March 5, 2007, from http://iris.peabody.vanderbilt.edu/gpm/chalcycle.htm.

Miller, S. P., & Mercer, C. D. (1993). Using data to learn about concrete-semiconcrete-abstract instruction for students with math disabilities. *Learning Disabilities Research & Practice, 8*, 89–96.

National Mathematics Advisory Panel (NMAP). (2008). *Foundations for success: The final report of the National Mathematics Advisory Panel.* U.S. Department of Education Washington, DC. Retrieved March 2008 from www.ed.gov/MathPanel.

Owen, R. L., & Fuchs, L. S. (2002). Mathematical problem-solving strategy instruction for third-grade students with learning disabilities. *Remedial and Special Education, 23*, 268–278.

Riccomini, P. J., Witzel, B. S., & Riccomini, A. E. (in press). Maximize development in early childhood math programs by optimizing the instructional sequence. In N. L. Gallenstein & J. Hodges (Eds.), *Mathematics for all.* Olney, MD: ACEI.

Tournaki, N. (2003). The differential effects of teaching addition through strategy instruction versus drill and practice to students with and without disabilities. *Journal of Learning Disabilities, 36*, 449–458.

Wilson, C. L., & Sindelar, P. T. (1991). Direct instruction in math word problems: Students with learning disabilities. *Exceptional Children, 57*, 512–518.

Witzel, B. S. (2005). Using CRA to teach algebra to students with math difficulties in inclusive settings. *Learning Disabilities: A Contemporary Journal, 3*(2), 49–60.

Witzel, B. S., Mercer, C. D., & Miller, M. D. (2003). Teaching algebra to students with learning difficulties: An investigation of an explicit instruction model. *Learning Disabilities Research and Practice, 18*, 121–131.

Witzel, B. S., & Riccomini, P. J. (2007). OPTIMIZE your curriculum for students with disabilities. *Preventing School Failure, 52*(1), 13–18.

Xin, Y. P., Jitendra, A. K., & Deatline-Buchman, A. (2005). Effects of mathematical word problem-solving instruction on middle school students with learning problems. *Journal of Special Education, 39*, 181–192.

Chapter 8

Gregory, G., & Chapman, C. (2002). *Differentiated instructional strategies*. Thousand Oaks, CA: Corwin.

Gregory, G., & Hammerman, E. (2008). *Differentiated instructional strategies for science, grades K–8*. Thousand Oaks, CA: Corwin.

Llewellyn, D. (2005). *Measurement stations. Science Scope, 29*(1), 18–21.

Llewellyn, D. (2007). *Inquire within: Implementing inquiry-based science standards in grades 3–8* (2nd ed.). Thousand Oaks, CA: Corwin.

National Research Council. (1996). *National science education standards*. Washington, DC: National Academy Press.

Ogle, D. (1986). K-W-L: A teaching model that develops active reading of expository text. *The Reading Teacher, 39*(6), 564–570.

Robertson, W. (2002). *Force and motion: Stop faking it!* Arlington, VA: NSTA Press.

Tomlinson, C. (1999). *The differentiated classroom: Responding to the needs of all learners*. Alexandria, VA: ACSD.

Tomlinson, C., & Kalhfleisch, M. (1998). Teach me, teach my brain: A call for differentiated classrooms. *Educational Leadership, 56*(3), 52–55.

Chapter 9

Bellanca, J., & Fogarty, R. (1991). *Blueprints for thinking in the cooperative classroom*. Thousand Oaks, CA: Corwin.

Caine, R. N., & Caine, G. (1997). *Education on the edge of possibility*. Alexandria, VA: Association for Supervision and Curriculum Development.

Cawalti, G. (Ed.). (1995). *Handbook of research on improving student achievement*. Arlington, VA: Educational Research Service.

Goleman, D. (1995). *Emotional intelligence*. New York: Bantam.

Gregory, G. H., & Chapman, C. (2007). *Differentiated instructional strategies: One size doesn't fit all* (2nd ed.). Thousand Oaks, CA: Corwin.

Gregory, G. H., & Parry, T. (2006). *Designing brain-compatible learning*. Thousand Oaks, CA: Corwin.

Klentschy, M., Garrison, L., & Maia Amaral, O. (2000). *Valle imperial project in science (VIPS): Four-year comparison of student achievement data, 1995–1999*. El Centro, CA: El Centro School District.

Lou, Y., Alorami, P. C., Spence, J. C., Paulsen, C., Chambers, B., & d'Apollonio, S. (1996). Within-class grouping: A meta-analysis. *Review of Educational Research, 66*(4), 423–458.

Marzano, R. J., Pickering, D. J., & Pollack, J. E. (2001). *Classroom instruction that works*. Alexandria, VA: Association for Supervision and Curriculum Development.

National Research Council. (1996). *National science education standards*. Washington, DC: National Academy Press.

Reis, S., & Renzulli, J. (1992). Using curriculum compacting to challenge the above average. *Educational Leadership, 50*(2), 51–57.

Sanders, W. L., & Horn, S. P. (1994). The Tennessee value-added assessment system (TVAAS): Mixed-model methodology in educational assessment. *Journal of Personnel Evaluation in Education, 8*, 299–311.

Sternberg, R. (1996). *Successful intelligence: How practical and creative intelligence determine success in life*. New York: Simon & Schuster.

Tomlinson, C. A. (1999). *The differentiated classroom: Responding to the needs of all learners*. Alexandria, VA: Association for Supervision and Curriculum Development.

Tomlinson, C. A. (2001). *How to differentiate instruction in mixed-ability classrooms (2nd ed.)*. Alexandria, VA: Association for Supervision and Curriculum Development.

Wenglinsky, H. (2000). *How teaching matters: Bringing the classroom back into discussions of teacher quality* [Online]. Available: http://www.ets.org/Media/Research/pdf/PICTEAMAT.pdf

Wright, S. P., Horn, S. P., & Sanders, W. L. (1997). Teacher and classroom context effects on student achievement: Implications for teacher evaluation. *Journal of Personnel Evaluation in Education, 11*, 57–67.

图书在版编目（CIP）数据

差异化教学探究：文学、数学和科学／（美）劳德等著；刘
颂译 .—上海：华东师范大学出版社，2015.1
　ISBN 978-7-5675-2970-0

　Ⅰ.①差 ...　Ⅱ.①劳 ...　②刘 ...　Ⅲ.①教学研究　Ⅳ.① G420

中国版本图书馆 CIP 数据核字（2015）第 012962 号

大夏书系·西方教育前沿

差异化教学探究：文学、数学和科学

著　　者　　莱斯莉·劳德 等
译　　者　　刘　颂
策划编辑　　李永梅
审读编辑　　任红瑚
封面设计　　奇文云海·设计顾问

出版发行　　华东师范大学出版社
社　　址　　上海市中山北路 3663 号　邮编　200062
网　　址　　www.ecnupress.com.cn
电　　话　　021 - 60821666　行政传真　021 - 62572105
客服电话　　021 - 62865537
邮购电话　　021 - 62869887　地址　上海市中山北路 3663 号华东师范大学校内先锋路口
网　　店　　http://hdsdcbs.tmall.com

印　刷　者　　北京季蜂印刷有限公司
开　　本　　700 × 1000　16 开
插　　页　　1
印　　张　　14
字　　数　　190 千字
版　　次　　2015 年 3 月第一版
印　　次　　2021 年 10 月第五次
印　　数　　10 101 - 11 100
书　　号　　ISBN 978 - 7 - 5675 - 2970 - 0/G·7871
定　　价　　35.00 元

出 版 人　　王　焰

（如发现本版图书有印订质量问题，请寄回本社市场部调换或电话 021-62865537 联系）